Schreiber vs. Schneider

Paarcours d'amour

Für Brigitte & Edy

Reibung erzeugt
Wärme!

Sybil & Steven

SCHREIBER VS. SCHNEIDER

Paarcours d'amour

BEZIEHUNGSKISTCHEN
ZWISCHEN ZWIE- UND EINTRACHT

IMPRESSUM

Schreiber vs. Schneider
Paarcours d'amour
Beziehungskistchen zwischen Zwie- und Eintracht

Elster & Salis AG, Zürich
info@elstersalis.com
www.elstersalis.com

Korrektorat: Gertrud Germann für Torat GmbH
Satz, Titelillustration, Umschlaggestaltung:
Peter Löffelholz für Torat GmbH
Gesamtrealisation: www.torat.ch
Gesamtherstellung: CPI Books GmbH, Leck

1. Auflage 2022
© 2022, Elster & Salis AG, Zürich
Alle Rechte vorbehalten

ISBN 978-3-03930-035-8

Printed in Germany

Elster & Salis wird vom Bundesamt für Kultur mit einem
Förderbeitrag für die Jahre 2021–2024 unterstützt.

Niemandsland

Tastaturen, Flecken, schiefe Lampen

Auf Achse

Alarm in der Beziehungskiste

Herzdame

Vom Glück der Erde auf dem Rücken ...

Grenzerfahrungen

Blaues Feuer und Giganto-Lupe

Winkelzüge

Schlaghammer vs. Knubbelkäfer

Klamotten

Lochpulli schlägt Blumentischdecke

7

Paarcours d'amour

Grandiose Gefühle und kleine Tricks

Kreuzbube

Verloren im Escaperoom

Auslotungen

Lieber auf statt am Draht

Nestwärme

Wenn man auf dem Skilift muss

ICH FRAGE MICH MANCHMAL,
OB MÄNNER UND FRAUEN WIRKLICH
ZUEINANDER PASSEN. VIELLEICHT SOLLTEN
SIE EINFACH NEBENEINANDER WOHNEN
UND SICH NUR AB UND ZU BESUCHEN.

Katharine Hepburn

Niemandsland

Eingespannt

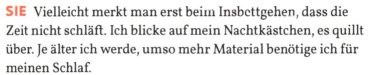

SIE Vielleicht merkt man erst beim Insbettgehen, dass die Zeit nicht schläft. Ich blicke auf mein Nachtkästchen, es quillt über. Je älter ich werde, umso mehr Material benötige ich für meinen Schlaf.

Ich gönne mir mein übliches Prozedere: Füsse eincremen, Salzwassernasenspray in Griffweite, Oropax bereitlegen und neuerdings auch noch etwas, das ich wirklich lieber nicht gewollt hätte: eine Zahnspange.

Durchsichtig, zum Glück.

Ich habe nachts einfach zu viel Biss. Und damit meine Zähne nicht von mir selbst wegrationalisiert werden, schone ich sie mit dieser Spange. War die Idee meines Zahnarztes. Eine Investition. Durchsichtige Hightech-Teile, die ich über mein Gebiss klicke. Unsicht-, aber spürbar. Ich lisple und denke an Martina Hingis, die mit Gebissdrähten Grand Slams gewann. Schneider habe ich davon erzählt, aber es hat ihn nicht sonderlich interessiert. Nun liegen wir im Bett und lesen, bevor der Tag gute Nacht sagt.

Da beugt sich Schneider zu mir herüber, raunt: »Schlaf gut, Liebste, war ein schöner Tag«, und will mich küssen. Was grundsätzlich schön ist, bloss grad suboptimal. Denn mit der Spange kann ich weder reden noch Tennis spielen und schon gar nicht küssen.

ER Während ich, um ins Bett zu gehen, einfach unter die Decke krieche, ist das gleiche Unterfangen bei Schreiber viel interessanter. Ich tue jeweils so, als würde ich nichts davon mitbekommen, denn ich habe mich daran gewöhnt, dass sie statt Seidenwäsche Wollsocken montiert, statt selig seufzend zu mir herüberzuschauen, geräuschvoll Salzwasser in der Nase hochzieht oder auf dem Rücken liegend die Beine an die Decke streckt und ihre Waden dick eincremt.

Diese Prozedur entwickelte Schreiber im Lauf der Jahre – und nun scheint etwas Neues dazuzukommen. Etwas, das irritiert: ein Klicken. So, als würde man einen Plastikdeckel auf eine Dose pressen. Ich gucke diskret hinüber. Sie presst die Lippen aufeinander.

»Alles gut?«, frage ich.

Sie nickt.

Ich klappe mein Buch zu, das zufälligerweise den Titel *Kuss* trägt, ein Roman, bei dem es um Liebe geht und Küsse, die man verschenken möchte. Das wäre auch jetzt der Plan: ein Gutenachtkuss auf ihre Lippen kurz vorm Lichterlöschen. Da fällt es mir ein! Sie trägt neu eine Nachtspange. »Zeig mal«, sage ich. Sie grinst, ich sehe Plastik, spitze die Lippen, sie dreht den Kopf, ich küsse ihre Wange und beisse auf die Zähne. Gemeinsam zu altern, heisst wohl, wie Geschwister zu werden.

13

(F)leckereien

SIE Essen muss nicht bloss schmecken, Essen soll auch gut aussehen. Und der, der isst, der sollte das ebenfalls. Also gut aussehen.

Schneider ist grundsätzlich ein Geniesser und hat mich schon am Anfang unserer langen Liebe in wundervolle Restaurants ausgeführt. Ich schätzte es, wie bedacht und langsam er ass, wie er Fische behutsam filetierte, Salat nicht klein schnitt, sondern zerbrach und Spaghetti nur mit der Gabel aufdrehte. Ein Könner. Ein Schlemmer. Ein Gourmet.

Einzig eine Hürde gab und gibt es immer noch: Der Weg vom Teller zum Mund ist weit, und genau dort passiert es – er kleckert.

Kaum ein Hemd, ein Pullover, ein T-Shirt, auf dem seine Gaumenfreuden keine eindeutige Spur hinterlassen haben.

»Du musst aufpassen«, sage ich jeweils vor dem Essen. Nützt leider nichts.

Ich erinnere mich, vor vielen Jahren mit einigen Managern zu Abend gegessen zu haben, als einer dieser steifen Anzugmenschen ein kleines Etui aus seiner Jacke zückte und eine Silberkette samt zwei Klammern herauszog. Die Kette hängte er sich um den Hals, befestigte die Stoffserviette dran und löffelte das Kürbissüppchen, als wäre nichts dabei.

Damals fand ich das sehr albern, ein Mann mit Lätzchen.

Jetzt finde ich, es hat durchaus Stil.

ER Ein Geschenk für mich? Ohne Anlass, einfach so beim Mittagessen? Schreiber kichert. Ich öffne die Schatulle, darin liegt eine Schmuckkette mit zwei Klammern.

»Für deine Serviette«, klärt mich Schreiber auf.

In meine Fassungslosigkeit mischt sich Interesse. Denn Schreiber hat recht: Ein erwachsener Mann sollte beim Essen nicht kleckern.

Deshalb kleckere ich auch nicht. Zumindest fast nicht. Also wenn, dann nur unbeabsichtigt.

Denn es kommt darauf an, was gemeinsames Essen sein soll. Für Schreiber ist das klar: Informationsaustausch. Sie will reden, sie lacht, sie prostet mir zu. Und genau das wirft mich aus der Bahn. Darum kleckere ich.

Dabei kann Essen auch Konzentration auf das Wesentliche sein. Das ist mir klar geworden, als ich letztes Jahr einige Tage im Kloster zugebracht habe.

Dort wurde beim Essen geschwiegen.

Ich war ausserordentlich achtsam.

»Ich würde nie wieder kleckern, wenn wir schweigend essen würden«, sage ich.

»Um Gottes willen! Reden ist doch Teil des Vergnügens«, entfährt es Schreiber, während sie vehement ihre Gabel mit der Pilzrahmsauce samt Rösti zu ihrem Mund schiebt, als ein Tropfen auf ihrer Bluse landet. »Mist!«, sagt sie und greift zur Serviette.

Ich reiche ihr grosszügig das Etui mit der Kette: »Ich hätte da etwas Schmuck für dich.«

15

Sauberer Schrott

SIE Hin und wieder überfällt mich der Putzfimmel. Diesmal steht mein Rappel unter dem Motto: porentief rein. Klinken, Türrahmen, Lichtschalter, alles, was sich mir in den Weg stellt, bringe ich auf keimfreien Hochglanz. Da sticht mir meine Computer-Tastatur in die Augen. Dafür, dass ich seit Monaten nur mit desinfizierten Fingern tippe, sollten die Buchstabendrückerle blank sein. Das Gegenteil ist der Fall, kein appetitlicher Anblick.

Ich sprühe Desinfektionsreiniger auf einen Lappen und wische jede Taste einzeln ab. Weil ich gerade Meisterin Proper bin, mache ich mich auch an Schneiders Tastatur, die es noch viel nötiger hat.

Ich stelle sie auf den Kopf, klopfe drauf, Schreibstaub rieselt. Ich greife zu Pinsel und Wattestäbchen, entstaube behutsam sämtliche Tasten-Zwischenräume. Dann knöpfe ich mir den Bildschirm vor. Poliere ihn auf Hochglanz. Als wäre alles frisch aus dem Laden!

Schneider wird Augen machen.

Als er mir später im Arbeitszimmer gegenübersitzt und seinen Computer startet, freu' ich mich auf seine Reaktion. Doch er bemerkt gar nicht, dass er in einem blitzblanken Homeoffice sitzt.

Dann macht er doch noch grosse Augen, immerhin, und sagt: »Was für ein Mist!«

ER Ist ja toll, dass Schreiber wieder mal einen Putzanfall hatte. Dass sie dabei Grenzüberschreitung betreibt, nervt. Mein Schreibtisch gehört mir.

»Aber der war ein wenig …«

»Was?«

»… schmuddelig!«

»War er nicht! Du sprühst einfach gern rum, und was hast du damit erreicht? Eine antiseptische Tischplatte und saubere Tasten. Und jetzt steht da nur noch Blödsinn.« Ich blicke auf den Bildschirm: Statt Us eben Is, statt Ms lauter Vierecke und statt Es rein gar nichts.

»Kannst du deine Sauberfraumomente nicht allein für dich ausleben?«, brumme ich.

Schreiber guckt betupft: »Das kriege ich wieder hin.«

Eine Stunde später schreibe ich immer noch von Hand. Denn zuerst hat sie ewig die Tastatur geföhnt, kreiste dann mit einem Magnet darüber, und nun hat sie sie auf den Heizkörper gelegt. Vielleicht entdeckt Schreiber ja eine Marktlücke: angewärmte Tastaturen für klamme Finger. Ich schaue im Internet nach, was mich eine neue Tastatur kostet, und schlucke: 130 Franken!

»Tut mir leid«, sagt sie geknickt. Mir auch. Sie hat es ja nur gut gemeint. Ich sage versöhnlich: »Nur wer etwas macht, macht auch Fehler.«

Sie lächelt. »Ja. Deshalb passieren sie mir ja auch öfter als dir …«

17

»Okay, ich arbeite daran.«

Gesichtsverlust

 ER Ich schaue mir auf dem Computer alte Fotos von uns an, spasseshalber, optische Reisen, die mir guttun. Ich staune, wie jung ich vor zehn Jahren noch ausgesehen habe. Aber nicht nur ich, auch Schreiber. Das Leben hinterlässt seine Spuren. Ich stelle mir vor, wie ich in zehn Jahren Fotos von heute ansehe und womöglich wieder dasselbe denke …

Ich muss sehr versunken gewesen sein, merke erst jetzt, dass Schreiber hinzugekommen ist. Doch sie blickt nicht auf den Bildschirm, sondern mir ins Gesicht. Sie sagt: »Warum machst du so einen verkniffenen Mund?«

»Bitte?«

»So schmallippig irgendwie, verbissen. Diesen Mund machst du häufig, wenn du dich vergisst.«

Hoppla. Ich lockere ganz schnell meine Gesichtsmuskulatur. Schreiber nickt und sagt: »Schon besser.« Dann fügt sie an: »Und wenn ich mal seltsam gucke, sag' es mir bitte sofort. Ich will nicht, dass wir unser Gesicht verlieren. Und schon gar nicht will ich grimmig aussehen. Abgemacht?«

Als wir am Abend mit Ida in der Küche sitzen und diese uns von der Schule erzählt, fragt Ida plötzlich: »Mama? Alles in Ordnung?«

18

Schreiber ganz erstaunt: »Ja, klar, ich höre dir zu, warum?«

Ida: »Weil du so grimmig schaust.«

SIE Ich bin ertappt. Warum blicke ich verdriesslich, wenn ich entspannt bin? Ich sollte doch zufrieden gucken, wenn es mir gut geht. »Danke, Ida, für deine Beobachtung. Jetzt muss ich mehr an meiner Mimik arbeiten«, sage ich und lächle: »Habe da noch Tipps auf Lager aus der Schauspielschule damals in New York.« Schneider und Ida sollten jetzt fragen, welche das wären. Tun sie aber nicht. Egal, ich verrate sie ihnen dennoch: »Einer geht so: Lache, auch wenn dir nicht danach ist. Das Gefühl folgt deinem Gesichtsausdruck.«

Ich mache es vor. Schneider: »Sieht voll künstlich aus. Wie geliftet.« – »Okay, ich arbeite daran«, sage ich, grinse mit äusserstem Einsatz und siehe da, wir brüllen los. Alle drei. Köstlich!

Später, beim Zähneputzen im Bad, zeige ich Ida eine andere Übung: »Grosses Gesicht, kleines Gesicht.« Ich reisse die Augen auf, den Mund, alles wird RIESENGROSS. Dann wechsle ich zur Minischnute, kneife die Augen zusammen und zerknautsche mein Gesicht so klitzeklein wie eine Rosine. Fühlt sich herrlich an. Ida beobachtet mich im Spiegel, schüttelt den Kopf und verlässt das Bad: »Echt, Mama, das ist zu viel.«

Sie hat tatsächlich recht, ich sehe komplett doof aus. Aber immerhin nicht grimmig.

19

Schiefer Leuchtensegen

ER Schreiber hat eine neue Pendelleuchte für unseren Esstisch gekauft. Eine hohle Halbkugel, aussen weiss, innen goldfarben, erinnert irgendwie an eine Satellitenschüssel. Sie strahlt: »Ein Designerstück. Aber nicht teuer!«

Dann blickt sie an die Decke und fragt: »Soll ich den Elektriker anrufen?«

»Ich kann das«, antworte ich und stelle als Erstes fest, dass das Stoffkabel an der neuen Leuchte zu kurz ist. Na, toll!

In der Werkstatt liegt irgendwo ein altes Plastikkabel, das kann ich provisorisch verwenden, bringe Lüsternklemmen und Abisolierzange mit zurück, knipse das Stoffkabel zweimal durch, schabe mir mit dem Schraubenzieher den Finger auf, fluche, ein Kupferdrähtchen bohrt sich schmerzhaft unter meinen Fingernagel, zum Schluss sieht die Kombi aus Plastik- und Stoffkabel scheusslich aus.

Schreiber flötet aus der Stube: »Kann ich helfen, du atmest so laut?«

»Ich atme ganz normal«, sage ich.

»Du klingst aber etwas gereizt.«

»ICH BIN NICHT GEREIZT!«

»Also doch«, sagt sie, taucht in der Küche auf und guckt. »Hast du die Sicherung rausgenommen?«

»Für wie doof hältst du mich?«

»Gar nicht, ich will dich einfach nicht verlieren.«

»Mich?« Ich lache gallig, verloren geht hier anderes: Geduld und Nerven.

SIE Ich finds toll, dass Schneider unsere neue Lampe schwupps montiert. Früher hat so etwas bei ihm Jahre gedauert, jetzt legt er sich flott ins Zeug.

Allerdings seufzt er etwas oft. Ausserdem rennt er ständig in die Werkstatt und bringt irgendwelche Ersatzkabel zurück, weil das an der Lampe zu kurz sei. Das wusste ich, darum wollte ich ja auch den Elektriker.

Schneider steht unterdessen auf dem Küchentisch, fuchtelt, seufzt, flucht. Dann faucht er, dass ich einen völlig unüberlegten Kauf gemacht hätte, dass wir uns länger hätten Zeit lassen sollen, dass er hätte dabei sein müssen.

Nun, ich bin halt spontan. Und ja, Hängeleuchten sind eine Wissenschaft für sich. Deshalb habe ich ja auch kein teures Teil gekauft. Und sowieso: »Falls sie nicht passt, tausche ich sie um«, sage ich.

»Geht nicht, ich habe das Stoffkabel zerschnitten.«

Das ist jetzt echt ärgerlich, denn sooo günstig war sie nun auch wieder nicht. Schneider fixiert einen Haken an der Decke, hängt die Lampe dran, klettert vom Tisch.

Wir gucken beide hin. Die Lampe hängt komplett schief. Schneider schimpft: »Die passt überhaupt nicht zum Raum.«

Ich sehe das anders: »Wenn wir den Raum schräg stellen, könnte es gehen.«

21

Unbunt

ER Sie sind mir erst kürzlich aufgefallen. Ich wollte etwas sagen, aber da klingelte das Telefon, und Schreiber ging dran. Seither habe ich noch ein paarmal hingeschaut, aber der Zeitpunkt, um mich dazu zu äussern, passte nie. Muss ja auch nicht sein. Gehören irgendwann einfach dazu. Bei mir spriesst es ja auch in Grau und noch dazu nur noch spärlich. Ist auch nicht so wichtig, es geht um Liebe und nicht um die Haarfarbe, die jetzt …, ja wie nennt man diesen Ton eigentlich genau? Unbunt?

»Mama, du hast total graue Haare am Ansatz! Da beim Scheitel«, ruft unsere Tochter beim Frühstück und zeigt mit dem Finger auf Schreibers Kopfhaut. »Krass!«

Schreiber schluckt, dann lacht sie etwas wacklig und meint: »Ja, die sind ganz schnell gekommen. Quasi über Nacht.«

Wir nicken.

»Stört es euch?«

Unsere Tochter schüttelt den Kopf, ich auch, dann blickt sie zu mir: »Dass du nie was gesagt hast? Ich dachte schon, du traust dich nicht, darüber zu reden, dass ich grau werde.«

Ich weiss nicht, was ich sagen soll.

»Bitte, wenn dich an mir etwas irritiert, dann sprich darüber. Sonst verunsichert mich das. Nichts zu sagen, finde ich nämlich richtig schlimm«, fährt sie fort.

Nun, dann sage ich jetzt doch etwas.

Am besten ganz schnell.

Aber ich weiss einfach immer noch nicht, was.

SIE Jetzt ist es draussen! Mir sind die silbrigen Haare an meinem Scheitel schon länger aufgefallen. Sie kamen aus dem Nichts, innerhalb von Wochen. Und mit ihrem spontanen Wuchs tauchten auch die Fragen auf: Macht es mich alt? Stört mich das Grau? Und: Stört sich Schneider daran? Keine Ahnung. Er sagt ja nichts. Darum bin ich froh, dass meine Tochter meinen Farbwechsel derart locker thematisiert. Genau so sollte man übers Älterwerden reden: frisch von der Leber weg. Ich probier' das grad mal aus und sage möglichst überzeugend in die Runde: »Färben? Nein, ich lasse meine Haare machen, was sie wollen.« Dass ich vor ein paar Tagen daran gedacht habe, diesen weissen Wirbel mit blonden Strähnen wegzuschummeln, behalte ich für mich.

Schade, bin ich nicht so selbstbewusst wie meine Freundin, die ihre grauen Haare ohne künstlichen Ton trägt und toll aussieht.

Schneider hat sich immer noch nicht zum Thema geäussert. Ich versuche, ihn aus seiner Sprachlosigkeit zu befreien, und sage: »Übrigens liebe ich deine grauen Haare, vor allem die auf der Brust.«

Schneider grinst und zwinkert mir zu.

Das einzig wirksame Mittel gegen Grau haben wir beide auf Lager: unseren Humor.

Warmbader

ER Ich gehe ins Bad, muss mal, und als ich spüle, lese ich über dem Kasten eine Botschaft, sauber mit unserer Beschriftungsmaschine ausgedruckt: »Deckel und Türe zu! Bitte! Der Hausmeister.«

Der Hausmeister? Haben wir einen neuen Mitbewohner? Noch dazu einen, der Vorschriften macht?

Natürlich nicht!

Das ist Schreiber, ganz klar. Sie liebt es, mit hochoffiziell wirkenden Nachrichten ihre Anliegen zu verbreiten. Zum Beispiel hing einst eine komplizierte Tabelle mit Hundegassi-Uhrzeiten, detaillierter Wochenplanung, Streckenvorschlägen und unseren Familienmitgliedern laminiert in der Küche an der Wand. Sah wichtig aus. Wie der Einsatzplan einer grossen, erfolgreichen Firma. Dann erklärte sie, dass jeder von uns jeden Hundespaziergang mit einem Magnet markieren und dann zum nächsten Namen auf der Tabelle schieben müsse. So wären die Dienste gerecht verteilt. Diese Pflicht-Uhr kannte sie von ihrer WG-Zeit.

Wir nickten alle, ich ging weiterhin viel mit dem Hund, die Mädchen eher wenig wie immer, und der Magnet blieb, wo er war. Die Liste verschwand eines Tages, unbenutzt und wirkungslos.

Und jetzt ordnet ein Hausmeister an: zumachen! Ich frage: vorher, nachher, während?

Aber vor allem: warum?

SIE »Warum?«, fragt Schneider.

»Weil das laut Feng Shui Geld spart, wenn der Deckel zu ist. Habe ich dir schon tausendmal erklärt.«

»Du glaubst an Feng Shui?«

»Nur beim Klodeckel.«

»Und die Türe?«

»Weil wir im Bad heizen, und die Wärme dann drinbleibt. Ich mag ein warmes Bad.«

»Aber dann ist es doch zu warm.«

»Ja, und? Warm tut gut. Das ist mein Luxus. Ausserdem ist das Anstand, hinter sich die Türe zu schliessen, wenn man rausgeht.«

»Und warum nennst du dich Hausmeister?«

»Hätte ich Mama geschrieben oder Hausfrau, würde niemand reagieren. Aber ein Nebenbuhler im Haus macht mehr Eindruck.«

Schneider schüttelt den Kopf: »Eindruck? Ich habe den Hinweis gelesen und mich gewundert. Mehr nicht.«

Soso! Wenn ihn nicht mal ein Hausmeister beeindruckt, muss ich dann drohen? Oder gar eine Kasse aufstellen? Ich sage: »Folgender Vorschlag: Einmal Türe oder Deckel offen lassen kostet fünf Franken Strafe. Was meinst du dazu?«

Schneider prustet los und sagt: »Bist du wahnsinnig! Das macht ja …«, er rechnet einen Augenblick lang, »… fast 2000 Franken in einem Jahr.«

So viel? Sehr gut. Der Hausmeister tritt in den Ruhestand, jetzt kommt Schneider an die Kasse!

MAN SOLL DIE DINGE SO NEHMEN,
WIE SIE KOMMEN. ABER MAN
SOLLTE AUCH DAFÜR SORGEN,
DASS DIE DINGE SO KOMMEN,
WIE MAN SIE NEHMEN MÖCHTE.

Curt Goetz

Auf Achse

Bergsturz

SIE Was für ein Tag! Wir zwei haben ihn in den Bergen verbracht. Alles perfekt. Doch plötzlich, aus heiterem Himmel, fauchen wir uns auf dem Heimweg an. Ich schnappe ein, und nun schweigen wir im Auto. Es ist grässlich.

Irgendwann halte ich die Spannung nicht mehr aus und sage: »Lass mich in Ilanz raus, ich nehm den Zug.«

Schneider nickt.

Dachte, er würde vielleicht sagen: »Nein, komm, lass uns Frieden schliessen.«

Tut er nicht. Stattdessen setzt er mich ab. Ich steige aus, er braust los. Der Zug ist auch schon weg. Also eine Stunde warten. Ich setze mich in ein Café, bin stocksauer. Auf ihn, auf uns. Warum haben wir uns überhaupt gestritten? Ach, genau: Sein autoritärer Ton hat mich genervt.

Ich starre hinaus, der Abendhimmel färbt sich rot. Was für ein Blödsinn, dass wir uns so angezischt haben. Der Zug fährt ein, ich nehme einen Fensterplatz, lass mich durch die traumschöne Rheinschlucht ruckeln. Ein Bergsturz war die Ursache für diese Wunderlandschaft.

Ich vermisse Schneider, zücke das Handy und schreibe: *»Habe überreagiert. Tut mir leid.«* Da plingt seine Antwort: *»Sorry. Bin manchmal echt ein Arsch.«*

Ich muss lächeln. So etwas Schönes hat er schon lange nicht mehr gesagt.

ER Ein Jahrhundertkrach, ein Bergsturz der Gefühle, denke ich und lasse Schreiber am Ilanzer Bahnhof aussteigen Sie wollte es so.

Sie dachte, ich würde klein beigeben.

Sicher nicht!

Spontan beschliesse ich, ins Safiental zu fahren. Dort war ich zuletzt vor Jahren mit Schreiber. Bei einer Kapelle mache ich ein Foto und denke an sie. So vehement wie heute war sie noch gar nie. Es ging um die Arbeit, unsere Bücher, unsere Auftritte. Sie hat mir vorgeworfen, ich würde von oben herab mit ihr reden. Ich pfefferte zurück, dass mir ihre Gemütlichkeit so was von auf den Geist gehe. Sie fand mich ungerecht, ich sie antriebslos.

So viel gemeinsam zu arbeiten, ist nicht einfach. Und ja, ich war ungerecht, denn sie schmeisst den Alltag, schreibt Geschichten, verdient Geld und hat beinahe immer gute Laune.

Da surrt mein Handy auf dem Beifahrersitz, ich fahre rechts ran.

Ob sie womöglich genug hat von mir?

Sie entschuldigt sich.

Das hat Grösse. Sie kann das: auf einen zugehen. Mir fällt ein Fels vom Herzen.

Ich schreibe zurück, dass ich ein Arsch sei. Sie antwortet umgehend: »*Wenn du willst, dann könnten wir uns in Chur treffen, liebster A. Deine Z.*«

»*Z.?*« *frage ich.*

»*Zicke.*«

So beginnt Versöhnung.

Reife Leistung

SIE Meine Hand greift im Dunkeln nach dem Wecker, die Ziffern leuchten blass. 02.14. Ich greife hinüber. Klamme Decke! Kein behaglich warmer Mann.

Zack! Bin hellwach. Herzklopfen. Licht an, Gedanken sortieren: Wir feierten an einem grossen Anlass in Baden, fetzige Musik, leckeres Essen, lustige Leute. Ich ging um elf, er wollte bleiben. Kein Problem. Ich steckte ihm eine Geldnote zu, denn er hatte wieder mal weder Portemonnaie noch Handy dabei, und er sagte, er würde mit dem letzten Zug nach Hause kommen.

Um viertel nach zwei fahren aber keine Züge mehr!

Ich erschrecke: Das Fest fand an der Limmat statt, direkt am Fluss. Was, wenn Schneider unbemerkt hineingekippt ist und nun als Wasserleiche im Kraftwerksrechen hängt? Ohne Ausweis! Ich sehe mich auf der Gerichtsmedizin meinen Mann identifizieren.

Oder pennt er auf einer Parkbank? Oder womöglich in einem anderen Bett?

Ich will mich beruhigen, werde aber wütend: Er könnte doch anrufen! Mit dem Handy von irgendwem, egal wann, mich aus dem Schlaf holen und mir zulallen:»Mirgehtsgut.« Dann wüsste ich, dass er lebt.

Aber so! Ich brauche dringend einen Tee, gehe runter in die Küche, will Wasser aufsetzen, als ich etwas höre.

Klingt wie Kesselrasseln …

30

ER Oh, Mann, was für eine Feier! Ich lege mich zu AC/DC-Klängen ins Zeug, als stünde ich im Luftgitarren-Weltmeister-schaftsfinal. Aber da ich nicht mehr der Jüngste bin, befinde ich um Mitternacht: Es reicht! Genug getobt, genug Alkohol! Mein morgiger Kater soll schnurren und nicht wie ein Güterzug rasseln. Also nehme ich gerne das Angebot eines befreundeten Pärchens an, mich nach Hause zu fahren.

Ich quatsche ihn, der den ganzen Abend nur Wasser getrunken hat, voll, und zu Hause angekommen, finde ich natürlich alles schon dunkel vor. Beim Aufsperren der Eingangstüre beglückwünsche ich mich selber, nicht noch mehr getrunken zu haben, denn ich brauche nur drei Anläufe, um das Schloss zu treffen.

Lautlos husche ich hinein, ziehe leise die Schuhe aus. Oben ist alles ruhig. Beim Zähneputzen im unteren Bad blicke ich in den Spiegel. Vielleicht war der letzte Drink doch zu viel. Muss mich konzentrieren, klar zu sehen. Wahrscheinlich werde ich nachher laut schnarchen, denke ich und beschliesse, der rücksichtsvollste aller Ehemänner zu sein. Ich kuschle mich im Wohnzimmer aufs Sofa, damit Schreiber im Bett ihre Ruhe hat. Mein letzter Gedanke ist: Im reifen Alter wird man einfach weiser.

31

Morgengezwitscher

SIE Wir machen einen Ausflug. Zu dritt. Denn unsere Ältere bleibt lieber mit ihrer Freundin daheim, die Jüngere kommt mit. Mittelfreiwillig. Aber immerhin. Wir wecken sie frühmorgens, steigen ins Auto und fahren los. Ich mache es ihr hinten mit Kissen und Decken bequem, eine Art Liegestuhl, doch sie ist munter und will nicht mehr schlafen. Da Schneider am Steuer sitzt, biete ich ihm was zu trinken an. »Oder willst du schon ein Brötchen?« Er schüttelt den Kopf: »Später.«

»Soll ich das Radio anstellen?«, frage ich ihn. Er schüttelt den Kopf. »Oder ein Hörspiel? Ich habe neue runtergeladen, ganz lustige, glaube ich. Für die ganze Familie.« Unsere Tochter sagt: »Nein, ist schon gut.« Aha. Dann eben nicht. Ich blicke aus dem Fenster und sehe ein Tier in der Ferne. Hammer! Ein Hase! »Da auf dem Acker, ein Hase!« Als er weghoppelt, erkenne ich, dass das eine Katze ist. »Sorry, hab' mich verguckt. Boah, aber der Sonnenaufgang ist himmlisch, gell?«

Meine beiden Mitfahrer seufzen. Die sind aber schweigsam heute! Ich will ihnen etwas bieten, sie sollen sich ja nicht langweilen. »Wir könnten das ABC-Tier-Spiel machen!« Da sagt Schneider: »Duhu?«

»Ja, Liebster?«

»Gibt's dich auch ohne Ton?«

ER Die Strassen sind leer, langsam erwacht die Welt, und wir sind nur zu dritt unterwegs. Unsere ältere Tochter geht immer öfter eigene Wege. Daran muss ich mich gewöhnen. Ich sitze am Steuer, vor uns liegt ein Tag an der frischen Luft. Ich atme tief ein. Was Schreiber sofort zur Frage animiert, ob ich müde sei. Ich schüttle den Kopf, dafür hält sie mir nun ein Käsebrot hin. Ich blicke rüber, sie fragt: »Oder willst du lieber einen Kaugummi?« Ich blicke wieder auf die Strasse. »Nein.«

»Willst du Nachrichten hören?«

Nein, bitte keine Nachrichten über Leute, die sich irgendwo in die Luft sprengen, denke ich. Ich will den Tag einfach ganz ruhig angehen. Ohne Musik. Ohne Hörspiel. Und eigentlich auch ohne Schreibers Plapperbeschallung.

Wieso will frühmorgens jemand schon so viel reden? Sie findet gleich wieder einen Anlass und kommentiert den nächsten hässlichen Kreiselschmuck: »Mit dem Geld würde man besser etwas für Teenager machen.« Die nächste Baustelle: »Werden die hier niemals fertig?« Sie zwitschert ohne Punkt und Komma, und kurz bevor ich ein Ausrufezeichen setze für mehr Ruhe auf dieser Welt, kommt unerwartet Hilfe von der Hinterbank: »Mama, ich glaube, ich will doch noch schlafen. Kannst du bitte nichts mehr sagen?«

33

Spassbremse

SIE Ein wunderschöner Tag liegt vor uns, bestes Wetter und alle Zeit der Welt. Schneider hat unsere erste gemeinsame E-Bike-Tour geplant. Ziel ist eine hübsche Dorfbeiz, in der wir schon lange einmal essen wollten. Zuerst radeln wir auf Waldstrassen über die Hügel, plaudern, staunen, riechen die Natur. Wir bewegen uns fort, ohne uns zu verausgaben. Herrlich! Dann fährt Schneider immer öfter weit vor mir, jeder in seinem Tempo halt, auch jetzt auf der schmalen Teerstrasse. Über uns kreist ein Milan und pfeift, weit und breit kein Auto.

Ich freue mich, dass Schneider Spass hat an meinem Spontangeschenk, er, der kein grosser Velofan war. Das sieht man auch an seinem Fahrstil. Er eiert. Mit jedem Tritt reisst er den Lenker hin und her. Hat er Schwierigkeiten mit der Balance? Geübt ist er ja nicht sonderlich.

Ich sollte ihm Tipps geben, rufe nach vorne, ob alles in Ordnung sei? Keine Ahnung, ob er mich gehört hat, denn nun geht es bergab, und er tritt kräftig in die Pedale.

Ich habe keine Chance, ihm zu folgen. Mir wird es zu schnell, ich bremse ab und hoffe, dass wir uns spätestens beim Restaurant wieder treffen werden und ab dann *miteinander* weiterfahren.

Wenn ich allein fahren wollen würde, hätte ich mir das Geld für sein E-Bike nämlich sparen können!

ER War nicht einfach, Picknickdecke, Wasser und Notfall-apotheke in unsere Körbe zu stopfen. Schreiber will immer aus-gerüstet sein, als wären wir viele Wochen, nicht wenige Stunden unterwegs.

Dabei bin ich von uns beiden der mit der Erfahrung. Habe als Jugendlicher die halbe Schweiz auf dem Velo erkundet, von Zurzach nach Thun, ins Appenzell, nach Lugano und Brig! Später nutzte ich das Velo nur noch als Nahverkehrsmittel, zuletzt gar nicht mehr, bin eher der Geher.

Das E-Bike ändert das aber gerade. Macht viel Spass! Vor mir auf der Strasse entdecke ich helle Teerflecken im Asphalt. Spannend! Schreiber schreit von weit hinten irgendwas wie: »Du eierst so, alles okay?«

Ich muss schmunzeln. Ich eiere nicht, ich fahre Slalom. Den Lenker schwenke ich gekonnt nach links, nach rechts, tack, tack, tack, bloss keinen Flecken berühren.

Dann erreiche ich den höchsten Punkt, die Abfahrt lockt, ich blicke auf den Tacho – das hatte ich noch nie an einem Velo –, trete in die Pedale und visiere einen neuen Geschwindigkeits-rekord an.

Als ich kurz danach beim Restaurant eintreffe, sehe ich Schreiber weit oben im Zeitlupentempo abwärtsrollen. Meine Spassbremse! Ich glaub', ich sollte öfter allein auf Tour gehen.

35

Win-win!

 ER Unser Auto steht vor dem Haus, und ich sehe mit Schrecken, dass auf der Beifahrerseite ein langer Kratzer prangt. Nicht schon wieder, denke ich, denn erst kürzlich habe ich eine kostspielige Schramme in den Lack geritzt. Der neue Kratzer muss wohl vor ein paar Tagen passiert sein, da bin ich zu nah an unsere Kletterhortensie geraten. Ich hörte, wie die Äste am Auto entlangschabten. Gedacht habe ich mir dabei nichts.

Nun habe ich die Bescherung. Weiss jetzt schon, dass Schreiber sagen wird, ich würde zu wenig aufpassen und schlampig mit dem Auto umgehen. Sie nimmt jeden Katzer persönlich, weil es symbolisch gesehen *ihr* Auto ist. Sie wollte diesen VW-Bus. Mir sind Autos viel weniger wichtig, wichtig ist bloss, dass sie fahren.

Ich untersuche den neuen Kratzer.

Vielleicht – hoffentlich – ist er nur oberflächlich? Ich hole einen Lappen und poliere. Dann rubble ich. Wie ein Wilder. Nützt nichts, der Lack ist ab.

Hm. Ich werde besser mal noch ein bisschen abwarten, bis der perfekte Zeitpunkt eintritt, um Schreiber davon zu erzählen. Hoffe nur, dass sie die Schramme nicht vorher entdeckt. Wobei: Grad jetzt kurvt sie mit dem Velo auf den Vorplatz. Also. Rein in die Höhle der Löwin.

SIE Ich kehre zurück vom Einkaufen, Schneider steht mit einem Lappen neben unserem Auto und putzt. Wie toll, dass er sich auch mal darum kümmert. Denn normalerweise bin ich diejenige, die das Auto in Schuss hält. Normalerweise …
Er grinst seltsam.
Ich denke: Nanu?
Er sagt: »Du, ich muss dir was sagen.«
Ich steige ab: »Ja? Was denn?«
Dann erzählt er mir von der Hortensie, von Ästen, voll in Eile und einem Kratzer. Bevor er sich auch noch entschuldigen will, unterbreche ich ihn, denn sonst wird das Ganze einfach zu peinlich.
Zu peinlich für mich.
Ich also: »Halt! Stopp! Das ist gar nicht dein Kratzer! Den habe ich gemacht. Als ich vor ein paar Tagen unterwegs war, habe ich beim Einparken eine Absperrung auf der Seite übersehen. Bin daran entlanggeschrammt. Ich wollte es dir ja sagen. Irgendwann halt. Tut mir echt leid.«
Er strahlt.
Ich sage: »Mist, das wird teuer.«
Er strahlt weiter und sagt: »Och, das macht doch nichts!«
Tolle Reaktion, finde ich.
Er: »Weisst du, ich bin so froh, dass das dir und nicht mir passiert ist.«
Super! So gesehen, ist ein Kratzer grossartig für die Beziehung: Schneider ist erleichtert, dass er nicht schuld ist, und ich bin erleichtert, dass er nicht sauer auf mich ist.

37

Parkassistentin

ER Es ist früher Freitagmorgen, als wir auf den weiten Parkplatz des Baumarktes fahren. Es stehen kaum Autos herum, wir
haben freie Wahl, und ich steuere entspannt über den Asphalt
den hinteren Teil des Geländes an. Dort habe ich beim letzten
Mal eine neue, wenig benutzte Ausfahrt entdeckt.

»DA!« Schreiber schnellt auf dem Beifahrersitz hoch:
»SCHAU!«

Ich erschrecke fürchterlich, obschon sie nicht bedrohlich
klingt, sondern so, als hätte sie sechs Richtige im Lotto erzielt.
Ein kurzer Kontrollblick zur Seite eröffnet mir aber, dass wir
nicht etwa auf einmal steinreich sind, im Gegenteil: Schreiber
hat bloss das ultimative Parkfeld entdeckt, ein offenbar eigens
für uns geteerter Fleck.

Sie haut den Zeigefinger ans Seitenfenster: »HIER! FAHR HIER
REIN!«

Tatsächlich trete ich unwillkürlich auf die Bremse; ein Reflex,
ausgelöst durch die Lautstärke ihrer Forderung. Ich reisse das
Lenkrad herum, unmittelbar danach übernimmt mein klares
Denken wieder die Kontrolle und sagt mir, dass es absurd sei,
was gerade geschehe. Richtig! »Weisst du«, knurre ich Schreiber
an, »ich wollte nie ein Auto mit Parkassistent. Aber irgendwie
vergesse ich immer wieder, dass du neben mir sitzt!«

SIE Schneider regt sich auf und schimpft: »Traust du mir nicht zu, einen Parkplatz zu finden?«

Naja, er stellt sich auch in anderen Dingen nicht immer nur geschickt an. Ich sage: »Ich will doch nur helfen.«

»Helfen?«

»Ja! Während du am Steuer sitzt und dich konzentrierst, sehe ich einfach mehr. Zum Beispiel diesen Parkplatz, an dem du nun fast vorbeigefahren wärst. Der ist nämlich perfekt, weil hier die Wägelchen stehen«, erkläre ich.

»Wägelchen? Wir holen einige Schrauben, da wäre ein Korb noch zu viel«, antwortet er – und gibt wieder Gas. Nur um ein paar Meter entfernt auf einem Parkplatz seiner Wahl zu landen. Kindisch, echt.

»Und, geht es dir jetzt besser?«, will ich wissen.

Er mosert: »Es nervt, dass du befiehlst, wo ich parken soll!«

»Ich befehle nicht, ich empfehle. Und du hast doch grad eben gesagt, ich sei deine Parkassistentin …«

Er schnauft und sagt: »Ich habe doch nicht dich gemeint! Ich habe diese elektronischen Ultraschallsensoren gemeint, die das Auto selber in die Lücken hineinmanövrieren!«

»Ach, und so eine wäre die lieber?«, frage ich.

Er zieht den Schlüssel aus der Zündung und sagt: »Nein, aber die könnte ich wenigstens auf lautlos stellen.«

39

ICH MACH MIR DIE WELT,
WIE SIE MIR GEFÄLLT.

Pippi Langstrumpf

Herzdame

Der längste Tag

 ER Ein gemeinsames Schlafzimmer hat Gutes, aber nicht nur: Zum Beispiel ist das Lichtbedürfnis von Schreiber und mir sehr unterschiedlich. Ich mags rabenschwarz, sie taghell.

»Hier, nimm die Schlafbrille, so wirds zappenduster«, sagt sie, als sie beim Insbettgehen die Rolläden aufmacht und die Strassenlaternen ihr grelles Licht in unser Zimmer schleudern.

Schlafbrille! Wann kapiert sie, dass eine Schlafbrille sich bei jeder Drehung verschiebt? Die hing mir morgens auch schon am Kinn. »Schlafbrillen prinzipiell nur im Flugzeug!«, sage ich. »Und unser Bett ist kein Jet.«

»Sei nicht heikel. Ich kenne viele Leute, die damit schlafen.«

»Ach, wen denn?«

»Na, ja, *viele* ist etwas übertrieben«, gibt sie kleinlaut zu.

Es ist zum Verzweifeln. Unsere Lichtdiskussion ist nie erhellend. Wir werden uns seit Jahren nicht einig. Und wenn andere sich über den längsten Tag freuen, denke ich bloss an die kürzeste Nacht. Immerhin, ein Gegenmittel gibts: abtauchen im Gästezimmer. Schreiber versteht das nicht: »Wo liegt das Problem? Du stehst doch gerne frühmorgens auf!«

Absolut, ich liebe das Morgenlicht! Aber nur dann, wenn ich vorher einige Stunden in Dunkelheit schlafen durfte.

SIE Mein Maulwurf verbuddelt sich unter Kissen, seufzt über-
laut, wenn ein Spalt breit Licht ins Zimmer strahlt, und wirft
sich dann demonstrativ auf die andere Seite. Er will es keller-
dunkel, bis der Wecker klingelt. Ich ticke anders: »Ich wache
besser auf, wenn ich den Tag kommen sehe«, erkläre ich ihm
zum wiederholten Male.

»Wie kannst du ihn kommen sehen, wenn du die Augen zu
hast?«, kontert Schneider.

»Ach, dann ist es bei dir also zappenduster, wenn du die Augen
schliesst?«

Schneider denkt nach, merkt, dass er ein Eigentor geschossen
hat, und sagt: »Es ist genetisch geregelt: Dunkelheit heisst Schlafen, Helligkeit heisst Wachsein.« Er steht auf, kurbelt die Roll-
läden wieder runter und schlüpft zurück ins Bett.

Ich sehe gar nichts mehr – wie kann ich da schlafen? Wäre es
eine Lösung, abwechslungsweise mal hell, mal dunkel zu pen-
nen? Oder soll ich Schneider eine passgerechte, unverrutschbare
Schlafbrille schneidern?

Sein Atem geht ruhig. Ich warte noch ein Weilchen. Er schläft.
Ich stehe sachte auf und kippe dann gaaanz leise die Lamellen
unserer Storen, damit am Morgen Sonnenlicht meine Nasen-
spitze kitzeln kann. Ist nämlich immer noch die allerbeste
Lösung: helldunkel einschlafen und hellheiter aufwachen.

Fitnessqueen

SIE »Soll ich heute mal wieder ins Fitness?«, frage ich Schneider beim Frühstück.

»Ja. Das täte dir sicher gut.«

»Ja« hätte gereicht, denke ich und sage: »Ich könnte eben grad gehen.«

»Mach nur! Du warst ja schon lange nicht mehr«, Schneider lächelt mich aufmunternd an. Da fällt mir ein: »Das Problem ist, dass ich nach dem Training fix und fertig bin. Und ich muss heute noch arbeiten.«

»Dann verausgab dich halt nicht so.«

»Geht nicht. Es ist echt anstrengend, wenn ich dauernd den Bauch anspanne.«

»Und wozu machst du das?«, fragt er.

»Ich stelle mir jeweils vor, dass ich für ‹Brigitte Woman› ein Fotoshooting habe. ‹Muckis für Mutti› oder so.«

Schneider grinst: »Du sollst trainieren, nicht denken.«

»Und sobald ich in die Spiegelwand gucke, sehe ich neben mir Jane Fonda hopsen.«

»Was? Wusste gar nicht, dass die hier ins Fitness geht.«

»Ich meinem Kopf, Mann! In den 80ern, da trug sie doch diesen hautengen, pinken Anzug und hatte kein Gramm Fett. Heute ist sie fast 80 und immer noch so schlank. Voll diszipliniert.«

»Aha, und was willst du damit sagen?«

»Dass ich das sowieso nie schaffe. Ich bin einfach ein anderer Typ. Weisst du was? Ich lass das Training besser sausen. Es tut mir einfach nicht gut.«

ER »Wenn du dich so viel bewegen würdest, wie du dir Gedan-ken darüber machst, ob du dich bewegen sollst, dann wärst du topfit«, sage ich zu Schreiber, die soeben beschlossen hat, ihr Fitnesstrainig zum 812. Mal ausfallen zu lassen.

»Musst du mir noch eins auf den Deckel geben?«

»Nein. Aber wieso beredest du mit mir, ob du ins Training gehen sollst, wenn du gar nicht willst?« Schreiber wettert: »Ich möchte schon, aber ich kann halt nicht!«, dann stürmt sie aus der Küche.

Ich seufze. Hab' mal darüber gelesen, welch seltsames Wesen der Mensch sei: Einerseits will er sich regen, andererseits ver-meidet er jede Art von Tatendrang. Eindeutig zwei verschiedene Seelen im Bewegungsapparat. Die beiden gegensätzlichen Zu-stände sind freilich kein Problem, wenn man mal faulenzt und dann wieder mit Elan herumhüpft.

Ich beschliesse, Schreiber davon zu erzählen, und will zu ihr ins Arbeitszimmer, treffe sie aber schon im Gang an, wo sie – ich staune – ihre Sporttasche packt.

»Hast du es dir nun doch anders überlegt?«, frage ich.

Sie nickt: »Ich habe in unseren Garderobenspiegel geschaut. Und weisst du, wer von da streng zurückgeschaut hat?«

Ich grinse und sage: »Vermutlich jemand in Hauteng und Pink.«

45

Stallluft

SIE Unsere Jüngere nimmt seit einer Weile Reitunterricht auf einem Hof mit herrlicher Aussicht. Um zu sehen, was sie dort so lernt, fahre ich an einem Nachmittag mit dem Velo hinauf, schaue zu, staune und darf sogar mit anpacken. Zuerst holen wir die Pferde von der Weide: Was für ein Gefühl, mitten in der Herde zu spazieren und von den Tieren beschnuppert zu werden!

Erinnerungen voller Sehnsucht tauchen auf. Als Mädchen träumte ich nämlich lange Zeit von einem eigenen Pferd. Ich malte mir aus, dass ich auf unserem Balkon in München im dritten Stock ein schwarz-weisses Pony halten könnte. Der Traum blieb unerfüllt, so verwandelte ich eben mein Fahrrad in ein Indianer-Pferd. Ich befestigte Zügel am Lenker und fuhr mit einer Gerte in der Hand durch die Stadt. Himmel, was war ich vernarrt in Pferde! Und jetzt sehe ich meine Tochter hoch zu Ross. Das berührt mich. Und mich erstaunt der heutige Umgang mit Pferden: Meine Tochter lernt nicht nur reiten, sie lernt »Pferdisch«. So etwas wie Pferdeflüstern, damit erzielt man bei den Tieren auf sanfte Weise unglaublich viel. Spannend! Vielleicht könnte ich diese Technik bei Schneider anwenden, um für meinen Traum von damals Gehör zu finden.

ER Schreiber fragt, ob sie mit mir reden könne. Das Thema freilich ist etwas langweilig, es geht um Pferde. Ich versuche, mich in mein Gegenüber hineinfühlen: Richtig – Pferde sind faszinierende Tiere. Aber dann fällt mir ein, dass ich Pferde sehr unpraktisch finde. Sie sind nämlich riesig, zeitintensiv und teuer.

Sie strahlt: »Du solltest sehen, wie die dort mit Pferden umgehen. Ganz anders als früher.«

Ich denke an unser Bankkonto.

»Früher sind wir einfach zackbumm draufgehopst und geritten.«

Ich denke an einen sauteuren Pferdeanhänger.

»Heute baut man Vertrauen auf! Mit dieser Technik kannst du ein Pferd allein mit deiner Körperhaltung und deinem Atem reiten.«

Hat sie gerade »Atem« gesagt?

»Eine tolle Sache. Es gibt sogar Kurse für Eltern, die mit Pferden lernen können, wie sie ihre Kinder konsequenter erziehen.«

»Mit dem Atem?«

»Ja, das habe ich irgendwo gelesen.«

»Willst du mir sagen, dass ich anders atmen soll?«

Sie räuspert sich: »Nein. Aber, dass ich vielleicht auch wieder reiten werde.«

»Unsere Kinder sind gross. Wen willst denn jetzt noch erziehen? Etwa mich?«

»Ach, woher. Ich will mir ganz einfach einen ganz alten Traum erfüllen«, sagt sie – und atmet ganz sanft aus.

47

Das Glück dieser Erde

SIE Wir haben drei Rennmäuse, zwei Katzen, einen Hund. Unser Tierpotenzial ist ausgeschöpft. Doch nun sitzt mir ein Floh im Ohr: ein Pferd. Besser: ein Pferdeteil. Die Reitlehrerin meinte, dass wir eine Reitbeteiligung haben könnten. Ich bin ganz aufgeregt. Wir könnten reiten, so viel wir wollten. Wir könnten »unser« Pferd von der Koppel holen, ich würde Stunden nehmen und durch den Wald traben. Es wäre, als hätten wir ein Pferd, ohne dass wir eines haben müssten.

»Du, ich überlege mir eine Reitbeteiligung.«

»Ist das was mit Doppelsattel?«, fragt Schneider.

»Quatsch! Man beteiligt sich finanziell an einem Pferd, lernt es kennen und kann dafür reiten, wann man will.«

»Aha, wir werden stolze Besitzer eines Vorderfusses.«

»Das heisst Huf.«

»Ein einhufiges Pferd?«

»Witzbold! Aber auch du könntest dann reiten. Wir alle könnten reiten. Das wäre doch ein tolles Familienprojekt. Wir werden zur Reiterfamilie!«

Er schüttelt den Kopf: »Das ist wieder mal ein typisches Schreiberprojekt – du willst etwas und zwingst die andern …«

Nun muss ich ihn aber an die Kandare nehmen: »Ich zwinge euch doch nur zu eurem Vergnügen! Denn wie du weisst, liegt das Glück dieser Erde auf dem Rücken der Pferde.«

ER Schreiber hat sich verguckt. Ich hingegen habe mit Pferden wenig am Hut. Die paar Reitererlebnisse in meinem Leben verliefen unglücklich. Einmal sass ich auf einem alten Zirkuspferd, das breiter war als lang. Ich bekam vom Spagat auf seinem Rücken den Krampf in den Oberschenkeln. Später ritt ich in Island aus. Man gab mir ein braves Pferdchen, das lieber am Wegrand graste, statt der Gruppe zu folgen, und egal, wie viel Hü und Hott ich rief, es futterte einfach weiter. Irgendwann kam der Chef, sagte Hü und Hott, und das Pferd trottete anständig mit. Ich spielte überhaupt keine Rolle. Und schliesslich musste ich mal für einen Filmbeitrag ein Riesenross satteln und zäumen. Ich brachte alle Riemen und Schnallen durcheinander, ebenso schwierig war es, das Pferd zu besteigen, weil es so hoch war. Pferde? Nicht mein Fall. Als Kind spielte ich jede freie Minute Fussball. Damals gab es für uns eine klare Mädchenhierachie: Die wirklich coolen Mädchen schauten uns beim Spiel zu, die gewöhnlichen waren im Turnverein, und die uninteressanten gingen reiten. Da unterbricht Schreiber meine Gedanken: »Falls du nicht reiten willst, kannst du ja einfach nebenher spazieren und die Zügel führen. Damit du das auch mal gemacht hast.«

49

Der Boss

ER Schreiber kommt einmal mehr glücklich vom Reiterhof zurück.

»Und, wie war das Reiten?«

»Ich bin nicht geritten, ich habe gearbeitet.«

»Ich dachte, du gehst jeweils reiten?«

»Dann komm mal mit hoch zum Hof und schau zu, was ich mache und was ich meine«, sagt sie.

Beim nächsten Mal bin ich dabei. Ich beobachte Schreiber und ein rotbraunes Pferd, das sie mir zuvor als Parlando vorgestellt hat. Sie spaziert schweigend neben dem Pferd der Hallenwand entlang. Die beiden scheinen vertraut zu sein. Das Pferd trottet, da schwenkt Schreiber auf einmal das Seil in der Hand, das Pferd stoppt und trippelt dann rückwärts.

Interessant.

Nun macht sie einige Schritte in die Hallenmitte und lässt Parlando an der Leine um sich herumtraben. Ehrlich gesagt, finde ich das nicht besonders spannend, spannend wird es erst, als sie sich auf einmal krümmt.

Bauchkrämpfe?

Das Pferd verlangsamt, blickt zu ihr und geht auf sie zu. Verrückt, der Gaul will sie trösten. »Was ist mit deinem Bauch?«, rufe ich.

»Bauch? Das war das Zeichen für: anhalten und herkommen.«

Ich bin ratlos. Unter Reiten habe ich mir definitiv etwas anderes vorgestellt. Das hier ist Zirkus. Fehlt bloss noch das Paillettenkleidchen für Schreiber.

SIE Bin nervös, weil Schneider zuschaut. Ich will ihm natürlich Eindruck machen. Damit er nicht denkt, dass ich nur mit Parlando herumspaziere, erkläre ich ihm die Sache mit dem Krümmen: »Chef ist, wer sich weniger bewegt.«

»Ach?«

»Wie wenn ich daheim vom Tisch aus sage: Bring doch die Butter aus dem Kühlschrank mit, du stehst grad …«

»Dann bist du der Boss.«

Er kapiert es. »Ja. Das Pferd muss zu mir kommen, nicht ich zu ihm. So ist klar, wer das Sagen hat.«

Um Schneider zu demonstrieren, dass ich auch reiten kann, steige ich auf. Er schaut eine Weile zu, dann ruft er: »Der hat ja gar kein Teil zwischen den Zähnen!«

»Toll, gell? Ich zeige mit dem Zügel, wo ich hinwill.« Ich schwenke den Zügel vorne an Parlandos Kopf vorbei auf die andere Seite. Dummerweise bleibt er an dessen Ohren hängen. Aber Parlando ist Profi und weiss, was ich will, auch wenn ich mich unbeholfen ausdrücke. Er wendet brav nach rechts. Und als ich tief einatme, trabt er gemächlich los.

Ich hoffe, Schneider hat das gesehen. »Tief einatmen« bedeutet was. Nicht nur, wenn ich auf einem Pferd sitze. Tief Luft holen heisst zum Beispiel »mithelfen«. Oder »mich in den Arm nehmen«.

Wenn Schneider doch nur ein wenig mehr Pferd wäre.

51

Nachtschwärmerwächter

ER Als Eltern muss man sich bezüglich Nachwuchs miteinander absprechen. Es geht ja nicht, dass Schreiber etwas festlegt und ich etwas anderes. Zum Beispiel, wann unsere Grössere nach dem Ausgang wieder zu Hause sein soll. Und das wird langsam zum Thema.

Es ist Sonntagnacht, halb zwei Uhr, ich liege in der Stube und horche auf die Eingangstür. »Wann muss ich zurück sein?«, hatte unsere Tochter heiter gefragt, als sie vor Stunden aus dem Haus ging. Und weil wir gerade Besuch hatten, ein Paar, das bereits drei erwachsene Kinder hat, wollten wir wohl besonders locker und aufgeschlossen sein und sagten: »Wenn die Party vorbei ist. Viel Spass!«

Als der Besuch um Mitternacht nach Hause ging, legte sich Schreiber ins Bett und ich mich aufs Sofa in der Stube. Konnte nicht schlafen und fing an, »Die Tribute von Panem« zu schauen, in dem eine 16-Jährige um ihr Überleben kämpft.

Wieso haben wir keine genaue Uhrzeit abgemacht? Mir fällt meine Mutter ein, die nie ein Auge zumachte, bevor an den Wochenenden nicht der Letzte wieder wohlbehalten zurück war.

Der Film ist zu Ende. Ich bin es auch. Hauptdarstellerin Jennifer Lawrence hat es überlebt. Von unserer Tochter noch immer keine Spur.

SIE Schneider schleicht ins Schlafzimmer. Ich blicke schläfrig auf den Wecker. Viertel vor zwei. »Ist sie da?«, frage ich. »Nein. Mir fallen die Augen zu. Gute Nacht.« Er legt sich hin, und weg ist er.

Wir hätten unbedingt eine Zeit abmachen sollen! Wollten vor unserem Besuch als coole Eltern dastehen. Schön doof. Ich bin knallwach, stehe auf, gehe runter, nehme mein Handy. »Na, wann kommst du?«, schreibe ich. Es ist 1.57 Uhr.

Nach einer Weile macht es pling: »Weiss noch nicht, später, ist super, mach dir keine Sorgen.«

»Puh. Aber nicht zu spät. Soll ich dich holen?«

Sie schickt mir einen Haufen Herzen: »Nö, danke, ich komm' dann mit den anderen.«

»Gut, besser als allein.«

Ich lege mich aufs Sofa, döse, wache auf, werde nervös, schaue auf die Uhr, aufs Handy. Wie spät ist später? Soll ich rasch anrufen? Dann erlöst mich ein »Pling«. Es ist mittlerweile kurz vor fünf: »Steh vorm Haus, Schlüssel steckt von innen, kann nicht rein.« Na, endlich!

Mir wird klar: So werden in Zukunft unsere Wochenenden aussehen. Es wird viele wache Nächte mit Taxi-Pikettdienst geben. Ich glaube, ich weihe grad mal Schneider ein, der von meinem Einsatz nichts mitbekommen hat und seit Stunden in aller Ruhe pennt.

Fondue-tt

SIE Phase eins: Vorbereitung.

Stets im Herbst herrscht bei uns Aufregung, wenn wir das erste Käsefondue zubereiten. Am Anfang tauchen die ewig gleichen Fragen auf: »Haben wir noch Feuerglibber?«

»Nennt sich Brennpaste«, antwortet Schneider, »und nein, haben wir nicht.« Er deutet auf das Rechaud, das er aufgestöbert hat.

»Wo ist das Maizena?« Wir verwenden das nur selten, ich suche unseren Vorratsschrank ab, finde das Pulver zuhinterst zuoberst.

»Mit Kirsch?«, fragt nun Schneider.

»Lieber ohne, aber mit viel Knoblauch. Und Birnen wären auch lecker.«

Die Liste füllt sich, ich gehe einkaufen.

Phase zwei: Zubereitung.

»Wie gross soll ich die Brotwürfel schneiden?«, frage ich Schneider, der sich gern als Fondue-Meister in Szene setzt. Er findet meine zu klein.

»Eine Freundin von mir zupft das Brot, könnten wir doch auch mal!«, sage ich.

Er schüttelt den Kopf. Würfel also.

Phase drei: Weisswein kippen. So viel? Ob das was wird?

Phase vier: Action am Herd! Wir diskutieren um den langsam schmelzenden und Fäden ziehenden Käse herum.

Phase fünf: Schneider stellt hektisch den Topf auf den Tisch, schreit dabei »HEISSHEISSHEISS!« und befiehlt dann: »Rühren! Rühren! Rühren!« Gemütlich ist anders.

ER Ich erwarte von einer Münchnerin, dass sie eine Weisswurst zuzeln kann, und nicht, dass sie weiss, wie man Käsefondue zubereitet. Unterstützung erwarte ich aber gern. Die Aufteilung wäre klar: Sie besorgt die Zutaten, ich den Rest.

Doch sie redet pausenlos rein: »Mehr Knoblauch! Weniger Maizena! Mehr Wein!« und schliesslich: »Salz!«

Salz ins Fondue? Geht's noch?

Sitzen wir dann am Tisch, meint sie spöttisch, ich würde rumbefehlen, dabei erinnere ich alle nur daran, dass sie rühren sollten, und überhaupt sei ich so angespannt, wo doch Fondue der Inbegriff für Gemütlichkeit und Geselligkeit sei.

Nun, ich wäre ja entspannt, wenn hier niemand Rambazamba wie im Bierzelt machen würde. Denn dieser Niemand kreischt jetzt vergnügt: »Oje, ich hab mein Brot verloren! Den Stock, den Stock!« Kurz danach: »Ooops. Schon wieder! Die Peitsche, die Peitsche!«

Sie kichert, und ich weiss, was sie meint: Asterix bei den Helvetiern. Nur ist es bei denen lustig. Als sie dann noch die Birne fallen lässt, ruft sie: »In den See, in den See!«

Ich rühre derweil durch den Käse und überlege mir, in den nächsten Wochen einen wirklich netten Fondueabend einzulegen.

Voll gemütlich und ohne Schreiber.

55

Monster im Glas

ER Wir sitzen auf dem Sofa und lesen Zeitung, als der Alarm losgeht. Genauer: Spinnenalarm.

Der läuft so ab: Schreiber kreischt, zieht ihre langen Beine aufs Sofa und presst sich in die Polster, als wollte sie darin verschwinden.

Auch ich erschrecke. Wegen Schreiber natürlich, nicht wegen der Spinne. Die krabbelt braun und dick über unseren Holzboden. Eine Hauswinkelspinne. Die Ärmste. Sie sieht echt hässlich aus mit ihren acht Beinen und dem fetten Rumpf. Trotzdem ist es absurd, dass sich Schreiber fürchtet, denn sie ist vermutlich 10//000 Mal schwerer als die Spinne. Also wenn jemand wirklich Angst haben sollte, dann …

»MACH SIE WEG!«, kreischt Schreiber.

Mach' ich. Während Schreiber auf Schnappatmung umstellt, suche ich nach einer Postkarte und einem Trinkglas und begebe ich mich damit vorsichtig auf die Jagd nach unserem Spiderman.

Eigentlich, denke ich, könnte ich den Achtbeiner dann auf Schreiber freilassen. Sie würde die Erfahrung machen, dass sie das überlebt. Nennt man Konfrontationstherapie, die Heilungschancen sind gross. Aber ich lasse es. Zwar gäbe es eine Gewinnerin, nämlich eine angstfreie Schreiber, aber leider einen Verlierer, der das nie wieder gutmachen könnte: mich.

SIE Schneider lässt sich absichtlich viel Zeit, um die Spinne ins Freie zu bringen, und erklärt zudem lehrmeisterhaft: »Spinnen sind nützlich, Spinnen stinken nicht, sie machen keinen Krach, und sie fressen keine Vorräte weg. Eigentlich tolle Haustiere.«

»Wir haben schon genügend Haustiere. Könntest du die Spinne jetzt bitte rauswerfen?«

Schneider hebt das Glas, in dem das Krabbelteil nun gefangen ist, langsam in meine Richtung: »Es nützt übrigens nichts, Spinnen mit dem Staubsauger aufzusaugen. Die krabbeln da wieder raus. Wusstest du das?«

»Ich sauge keine Spinnen auf. Tu' sie endlich raus!«

Mich gruselt es, er geniesst es: »Ich verstehe einfach nicht, warum du vor so einem Winzling Angst hast.«

Winzling? Das ist eine fette, haarige Spinne, die das Zeug zur Tarantel hat: »DU MUSST NICHTS VERSTEHEN, DU MUSST EINFACH DIE VERANDATÜR ÖFFNEN UND DIESES MONSTER RAUSSCHMEISSEN!«

Schneider kommt noch näher, das Glas ist nun auf Augenhöhe: »Du weisst, dass Spinnen einen super Orientierungssinn haben, oder?«

»INTERESSIERT MICH NICHT!«

»Sollte dich aber. Die kommen immer wieder zurück.«

»DIE?«

»Ja, die. In jedem Haus leben im Schnitt 200 Spinnen.«

»RAUS. UND ZWAR MIT EUCH BEIDEN!!!«

IM HAFEN IST EIN SCHIFF SICHER,
ABER DAFÜR IST ES NICHT GEBAUT.

Seneca

Grenz–
erfahrungen

Schönheit muss leiden

 SIE Vor uns liegen zwei Tage ohne Müssen, nur mit Dürfen, Natur, Ruhe, Essen, Schlafen. Zwei Tage Wellnessferien. Ich blättere den Hotelprospekt durch. »Hammer, was die alles bieten«, sage ich und lese Schneider vor: »Acidose Lymphmassage, Meeres-Algen-Packungen, Trüffel-Maske mit 24-karätigem Gold, Stutenmilchbutter, Biersud-Bad …«

Er fragt: »Redest du vom Abendessen?«

»Nein, von den Schönheitsbehandlungen.«

»Gönn' dir was«, sagt Schneider freundlich, »dafür sind wir hier.«

»Du dir aber auch! Die sind auch auf Männer spezialisiert. Hör mal: ‹Knackiges Beauty-Programm für die Herren der Schöpfung›. Oder wie wärs damit ‹Espresso – das Einsteigerangebot für ihn›? Probiers doch mal aus!« Er runzelt die Stirn: »Wozu?«

»Tut gut, entspannt, und zum Schluss gibts einen Espresso.«

»Espresso kann ich auch günstiger haben.«

Wie der sich ziert! Ich blicke ihn gründlich und etwas besorgt an: »Weisst du, deine Haut ist irgendwie so fahl, so schattig, so undurchblutet. Ich finde, du solltest dich aufhübschen lassen.« Schneider greift sich unsicher an die Wange, und ich greife zum Telefonhörer. In einer Stunde ist er dran.

 ER Schreiber hat mich überrumpelt, und nun sitze ich im Bademantel auf einem Zahnarztstuhl, eine weiss bekittelte Dame mit viel Make-up deckt mich mit einem heissen Frotteetuch zu. »Musik?«, fragt sie. Ich nicke. Panflötentöne wabern durch den Raum.

Ich schwitze mächtig unter der Decke. Hätte ich mich ausziehen sollen? Nein, vermutlich nicht, sie ist ja auch angezogen. Es duftet nach Zitrone und Lavendel, die Panflöte pfeift aus dem letzten Loch, und schon bläst mir heisser Dampf ins Gesicht, die Kosmetikerin nähert sich mit einer Giganto-Lupe, seufzt betrübt »oh, oh!« und quetscht dann mit ihren Fingerspitzen meine Nasenflügel. Es tut sauweh, aber als sie fragt, obs gehe, sage ich: »Klar! Kein Problem«, und presse meine schweissnassen Hände zusammen, um den grauenhaften Schmerz abzuleiten.

Nach der Fingernagelfolter brummt ein Maschinchen, das mir Haare aus der Nase mäht. Tränen schiessen mir in die Augen. Nun streicht die Dame meine Wangen aus, was wohl die Durchblutung fördern soll. Völlig unnötig, denn nach dieser Strapaze rast mein Blut sowieso.

Als Nächstes bekomme ich eine Cooling-Maske ins Gesicht geklatscht, die meine Haut befeuchten soll. »Ja, ja, die reinste Wüstenlandschaft!«, sagt die Fachfrau bekümmert. Ich würde gerne etwas antworten, doch nun malträtiert sie meine Backen wie Hefeteig.

Meine Augen blicken flehend, sie erbarmt sich meiner, die Tortur endet. Als Trost erhalte ich zum Schluss einen Espresso, wohl die Trophäe für die Überlebenden. Die makellose Miss Beauty hält mir lächelnd einen Handspiegel hin. Sie erwartet wohl, dass ich begeistert bin. Was ich da sehe, bin nicht ich. Das ist ein rot geflecktes, speckig glänzendes Häufchen Elend.

»Sie sollten öfter in die Kosmetik«, sagt die Frau »hat doch gut getan, nicht wahr?« Und was mache ich? Ich nicke brav, lächle tapfer und sage gequält: »Ja, es war toll!«

61

Stich-Salat

SIE Fürs Mittagessen hole ich frischen Salat in unserem kleinen Gemüsegarten, zerre einen saftigen Kerl aus der Erde, da spüre ich auf einmal einen Stich. In der Schulter. Ich wedle mit den Armen und sehe gerade noch, wie eine Wespe davonfliegt. Ist nicht der erste Wespenstich meines Lebens, zwei Tage werde ich das wohl noch spüren.

Auf dem Weg zurück zum Haus brennt der Stich bei jedem Schritt aber stärker. Auf der Terrasse beginne ich zu sprinten. Tut das weh! Ich schmeisse den Salat auf den Tisch, renne in die Dusche, reisse mir das T-Shirt vom Leib: Meine Schulter leuchtet chilirot! Jetzt jucken die Fusssohlen, die Ohren, es feuert von innen heraus, die Haarwurzeln, der Gaumen, der Hals, alles in Flammen! Ich hechte in die Dusche. Kaltes Wasser! Doch es wird nur schlimmer. Was passiert mit mir? Nun macht sich ein Klumpen im Rachen breit. Panik! Ich krieche aus der Dusche, bleibe am Boden sitzen, mir ist schummrig. Plötzlich steht unsere Tochter vor mir, die grad aus der Schule kommt.

»Ruf den Papa auf dem Handy an, schnell!«, wispere ich. Sie springt zum Telefon. Ich röchle, das Atmen fällt mir immer schwerer, als meine Tochter ruft: »Er hebt nicht ab!«

ER Ach, welch entspannter Luxus, zu Hause Mittagessen zu können! Das denke ich oft, wenn ich heimradle, vorbei an der Schule mit vielen Kindern und einigen wartenden Eltern. Mein Handy klingelt in der Tasche, aber ich bin ja eh gleich zu Hause, biege auf den Vorplatz ein, schaue in den Briefkasten, streichle den Kater, dann trete ich ins Haus.

»PAAPAAA! Schnell!«

Meine Tochter steht aschbleich vor mir und weist zur Dusche. Ich erschauere. Schreiber kauert auf dem Boden, hochrotes Gesicht wie eine Tomate vor dem Platzen. Ihr Körper voll weisser Pusteln, sie schwitzt, sie hechelt, sie blickt verzweifelt.

»Eine Wespe«, piepst sie.

Ich denke: 144 anrufen! Dann denke ich: Dauert zu lange!

Schreiber schnappt nach Luft. Ich greife nach dem Bademantel, der hinter der Tür hängt. »Hier! Zum Arzt!« Was für ein Glück, dass wir neben einer Praxis wohnen! Hoffentlich machen die noch nicht Mittagspause.

»Mein Hals«, flüstert Schreiber, »so eng!«

Ich werfe ihr den Bademantel um, sie rennt panisch los, wir hinterher, auf dem Asphalt ihre nassen Fussspuren, vorbei an Nachbarinnen, die erschreckt gucken.

Das ist nicht normal, denke ich. Und nun schnürt sich auch mein Hals zu.

63

Widerstandsnest

SIE In meinem Leben wurde ich bestimmt schon zwanzig Mal von einer Wespe gestochen. Das tat weh, war aber nach wenigen Tagen vergessen. Doch nun bin ich auf einmal hochallergisch! Zum Glück schaffte ich es nach dem letzten Stich sofort zum Arzt. Und nun bin ich mit einem Notfall-Set ausgestattet, das ich immer dabeihaben solle.

Immer?

Auch wenn ich einkaufen gehe? Ins Museum will? Den Müll raustrage? Im Wald spaziere?

Mir fällt ein, dass ich vor einigen Wochen einen Wespenschwarm in den Bäumen beobachtet habe. Laut und brummig. Faszinierend, dachte ich damals. Jetzt sehe ich das anders, Wespen sind für mich ab sofort eine Bedrohung.

»Verstehe deine Sorge«, antwortet Schneider, dem ich von meiner Angst erzähle, »aber die Wespe, die dich gestochen hat, hat sich auch bedroht gefühlt.«

»Von mir? Ich habe nur Salat geholt und den Kompost ausgeleert.«

»Genau, in unserer Holzkompostkiste ist ein Wespennest. Das hatte ich dir gesagt.«

Ja, das hatte er mal gesagt, aber ich denke nicht pausenlos an alles, was er mir sagt.

»Das Nest bleibt auf jeden Fall dort, wo es ist«, fährt er fort.

Was? Mir bleibt die Luft weg! »Zum wem hältst du? Zu mir oder zu den Wespen?«

ER Wir haben ein Problem: Schreiber ist auf einmal brutal allergisch auf Wespen, ein Stich schnürt ihr den Hals zu. Verrückt. Dabei haben wir ausgerechnet einen Naturgarten mit Bienen und Hummeln und Wespen.

Sie hält mir ein Teil unter die Nase in der Grösse einer Zahnbürste: »Mein Rettungs-Set. Diese Spritze steche ich mir im Notfall in den Oberschenkel. Einfach, damit du Bescheid weisst.« Ich schlucke. Sie fährt fort: »Ich trau mich gar nicht mehr zum Gemüsebeet.«

Kann ich verstehen.

»Kann man das Wespennest nicht umsiedeln?«, fragt sie.

»Nur am Anfang, jetzt ist es zu spät«, sage ich. »Habs schon recherchiert.«

»Und hast du auch recherchiert, wie ich meine Angst überwinden kann?«

»Ich finde, du musst deinen Feind besser kennenlernen. Wespen verteidigen ihr Nest nur im Umkreis von wenigen Metern. Du solltest also nicht herumfuchteln und keine grellen Farben tragen.«

Sie kneift die Augen zusammen: »Wenn ich Salat holen will, muss ich mich also erst umziehen, mich mit der Spritze bewaffnen und dann in Zeitlupe zum Gemüsebeet robben?«

»Ja, das könnte klappen.«

Sie zischt: »Vergiss es. Ab sofort jätet, erntet und giesst nur noch einer von uns beiden. Und das bin nicht ich!«

65

Grenzerfahrung

ER Geschieht nicht alle Tage: Wir sind an eine Hochzeit eingeladen. Von unserer Nachbarin, und die feiert recht weit entfernt, in Bosnien nämlich. Nach langen zwölf Autobahnstunden nähern wir uns der Grenze.

Unsere Nachbarin hatte uns vorgewarnt: Da könnte Grenzstau herrschen zwischen Kroatien und Bosnien. Richtig. Dreispurig stehen die Autos Schlange, um die EU zu verlassen. Der Zoll will hier Papiere sehen. »Stell dich in die Reihe ganz rechts«, sagt Schreiber.

»Nein. Ich bleibe auf der Spur ‹All Passports›.«

Schreiber insistiert: »Rechts steht aber ‹EU› und ‹CH›. Wir wechseln, die Autos kommen da drüben auch viel schneller voran!«

Ich blicke nach rechts: »Glaub ich nicht. Ausserdem ist da gar keine Lücke.« Schreiber lässt das kalt, sie lehnt sich aus dem Fenster und fuchtelt mit den Armen, damit der Fahrer neben uns kapiert, dass wir uns reindrängen wollen. Nach einer Weile erbarmt er sich und macht Platz.

Ich sage: »Wofür? Bringt doch nichts.«

Schreiber meint: »Du *musst* rein, jetzt, wo ich ihn endlich so weit habe.« Ich seufze, quetsche mich in die andere Spur und dann – geht gar nichts mehr. Ich blicke zu Schreiber. Sie sagt: »Wir können ja wieder zurückwechseln.«

SIE Es war natürlich Pech, dass wir am kroatischen Zoll in die langsamste Schlange gewechselt waren und eine Stunde lang nur zentimeterweise Richtung Bosnien ruckeln konnten. Doch nun sind wir endlich am Schalterhäuschen angekommen. »Pässe, Führerausweis, grüne Versicherungskarte«, sagt der Zöllner auf Englisch. Schneider blickt ratlos: »Versicherungskarte?« Ich suche unter den Blenden, im Handschuhfach, überall. »Ohne grüne Versicherungskarte können Sie nicht einreisen«, sagt der Zöllner. Ich fasse es nicht und rufe ihm verzweifelt zu: »Wir müssen an eine Hochzeit!«

Hinter uns stauen sich die Autos, mir pocht das Blut in den Ohren, Schneider kann immerhin aushandeln, dass wir auf der Parkbucht grad hinter dem Zoll weiter nach der grünen Karte suchen können. Aber Mist, wir haben keine. Und der Zöllner ist nun auch verschwunden – samt unseren Pässen.

Endlich taucht er wieder auf. Er habe mit seinem Chef gesprochen. Ich verstehe etwas von »Boss« und »Geschenk« und sage freudig: »Oh, thank you very much!« Schneider zischt: »Warum bedankst du dich?« Er greift nach dem Portemonnaie. »*Sein* Boss *will* ein Geschenk. Ich versuch's mal mit 50 Euro. Ich hoffe, das reicht ...«

And the Oscar ...

SIE Der Tag der Hochzeit ist da. Er beginnt für uns Frauen beim Friseur. Wir werden mit Lockenstäben, Glätteisen und Haarspray filmreif frisiert, danach zaubert uns eine Visagistin Glanz und Gloria ins Gesicht.

Rechtzeitig sind wir zurück beim Festgelände: Was für ein Aufmarsch! Der Bräutigam samt Clan verhandelt lautstark mit der Familie der Auserwählten und zückt sogar Geldscheine. Sie spielen Eroberung auf traditionell, werde ich aufgeklärt, denn der Mann solls nicht zu einfach haben.

Gefällt mir.

Dann darf er endlich ins Haus und seine Traumfrau herausführen. Aber das ist erst das Vorspiel. Einige Spanferkel und Sliwowitze später fährt der Konvoi von fünfzig Autos hinter der Hochzeitskutsche in die Kirche und nach der Trauung weiter in den Hochzeitssaal, der dekoriert ist wie für einen Staatsempfang. Kaum ist der Hochzeitstanz vorbei, stürmen die Gäste die Bühne: Volkstanz!

Wo ist eigentlich Schneider? Ich entdecke ihn zwischen zwei Frauen, kräftig eingehakt, er kann nicht entkommen, versucht, die rasend schnelle Schrittfolge mitzumachen und blickt zu mir: »Rette mich!«, flehen seine Augen. Könnte ich, tu ich aber nicht. Denn ein Mann solls ja nicht zu einfach haben.

ER Falls es eine Oscar-Verleihung für Menschen gibt, die keine Filmstars sind, dann bin ich grad mittendrin. Und zwar in einem Festsaal zwischen gigantischen Blumenbouquets und Frauen in betörend engen Kleidern. Eine sechsköpfige Profiband legt los, drei Fotografen und ein Kameramann bringen sich in Stellung, der Saal versinkt in Rauchschwaden, daraus taucht, nein, nicht das Hochzeitspaar, sondern die Brautmutter auf, 350 Gäste kreischen, es folgt der Brautvater, der Saal kocht und der Moderator am Mikrofon steigert die Spannung ins Übermässige, bis unter verzücktem Beifallsgedonner das wunderschöne Brautpaar auftritt, im Blitzlichtgewitter einen romantischen Liebestanz aufs Parkett legt und ich konstatiere, dass eine bosnisch-kroatische Hochzeit vom Glamour her jede Samstagsabendshow im Schweizer Fernsehen bei Weitem übertrifft.

Dann der Fehler: Verblüfft schaue ich zu, wie die Gäste die Tanzfläche stürmen, statt mich in Sicherheit zu bringen. Sekunden später finde ich mich zwischen zwei energischen Frauen wieder, die mir auf Teufel komm raus kroatischen Volkstanz beibringen. Schreiber grinst mir zu, statt mich zu retten.

Meine Rolle in diesem Streifen: überleben.

69

Laute Nacht

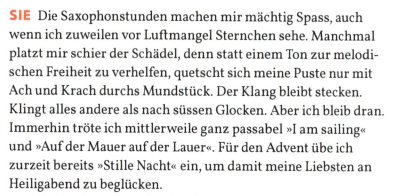

SIE Die Saxophonstunden machen mir mächtig Spass, auch wenn ich zuweilen vor Luftmangel Sternchen sehe. Manchmal platzt mir schier der Schädel, denn statt einem Ton zur melodischen Freiheit zu verhelfen, quetscht sich meine Puste nur mit Ach und Krach durchs Mundstück. Der Klang bleibt stecken. Klingt alles andere als nach süssen Glocken. Aber ich bleib dran. Immerhin tröte ich mittlerweile ganz passabel »I am sailing« und »Auf der Mauer auf der Lauer«. Für den Advent übe ich zurzeit bereits »Stille Nacht« ein, um damit meine Liebsten an Heiligabend zu beglücken.

Als ich meinen Saxophonkoffer öffne, verzieht sich unser Hund in die Stube. Am Küchentisch sitzt unsere Jüngere an den Hausaufgaben. Sie ruft: »Mama, ich sollte mich konzentrieren!« Also gut, dann gehe ich eben ins Schlafzimmer, schliesse die Tür und spiele die Tonleiter. Da kommt Schneider vom Arbeitszimmer hoch: »Kannst du auch leise? Ich muss telefonieren.«

Wie bitte? Wo bleibt da die moralische Unterstützung, die Begeisterung? Immerhin bin ich dabei, meinem Saxophon neues Leben einzuhauchen und etwas für meinen inneren Einklang zu tun. Aber wenn ich nirgends üben kann, wird das nie etwas mit stiller Nacht unterm Christbaum.

ER Schreiber hängt das Saxophon um den Hals, als würde ihr der Bändel die Luft abschnüren. »Hör mal!«, sagt sie und trötet los. Volle Kanne. Ich rätsle, was für ein Lied das sein könnte. Aha! »Stille Nacht«. Allerdings eher in der Version »Stille Kracht«. Die Fensterscheiben vibrieren, die Deckenlampe wackelt, und meine Gehirnmasse ist erschüttert; so stelle ich mir ein mittleres Erdbeben vor. »Versuche es mit mehr Gelassenheit«, schreie ich. »Hä?«, brüllt sie mit hochrotem Kopf.

»Musst eben mehr üben!«

»Wie denn? Ihr beschwert euch ja dauernd.«

Stimmt. Mir geht es ja auch ein bisschen auf die Nerven, wenn ich ihrem durchdringenden Täterät ausgeliefert bin. »Übe, wenn wir dich nicht hören können.«

Sie blickt mich ernst an. Ist sie etwa beleidigt? Nein, denn auf einmal lächelt sie: »Du, ich hab' da noch eine Idee. Ein Duett mit dir. Ich spiele, du singst.«

»Was?«

»Mein Sax-Lehrer hat schon die Noten beschafft. Den Welthit aus dem Film ‹Titanic›.« Sie summt los: »My Heart will go ohooon …«

»Gott! Und ich wäre dann Céline Dion?«

»Nein, du müsstest bloss singen wie sie.«

Weswegen ist die Titanic gesunken? Schreibers musikalische Pläne haben zwar nichts von einem Eisberg. Aber etwas von Untergang.

71

»Echt! Mach' ich!«

Mutterprobe

 ER Wenn wir es irgendwie schaffen, dann gönnen wir uns einmal im Jahr einen Ausflug in den Europapark. Und wenn wir es
irgendwie schaffen, dann lassen wir Schreiber daheim. Es ist
eine Art Spielchen: Sie tut so, als würde sie wahnsinnig gerne
mitkommen; wir tun so, als wäre es wirklich super, wenn sie
dabei wäre. Doch weder sie noch wir finden das wirklich. Bisher
hat sie dann immer gemeint, sie bleibe vielleicht doch daheim,
denn jemand müsse sich um den Hund kümmern oder weil
sonst kein Platz im Auto für die Freundinnen unserer Töchter
wäre. Wir sagten jeweils: Schade, echt schade, und dann ganz
schnell danke. Danke, echt danke.

Diesmal waren wir zu langsam.

Schreiber spaziert mit uns durch den Park, im Auto auf der
Hinfahrt hat sie posaunt, dass sie diesmal sogar die Blue Fire
fahre: »Echt! Mach' ich!«

Ich mache mir Sorgen. Denn Schreiber schafft es kaum, in
einem Kettenkarussel ohne Gekreische und anschliessenden
Brechreiz über die Runden zu kommen. Wie will sie da diese
Ultratempo-Bahn überstehen, bei der sogar mein Adrenalin-
spiegel rasant ansteigt? Da sagt sie stolz: »Das ist jetzt meine
Mutterprobe«, und lacht etwas zu schrill über ihr Wortspiel.

SIE Ich weiss, dass die anderen eigentlich gerne ohne mich in den Europapark reisen. Weil ich halt nicht so supermutig bin und am liebsten nur das russische Märchen fahre, da schunkelt man in romantischen Schlitten durch verschneite Landschaften. Voll mein Ding.

Doch dieses Jahr ist alles anders: Ich will dazugehören. »Ich komme mit«, sagte ich, bevor die Mädels ihre Kameradinnen einladen konnten. Und ich hatte auch schon einen Platz für unseren Hund bei meiner Freundin im Nachbardorf organisiert. Von daher: Freie Fahrt für den Familienausflug.

Als ich im Auto sage, dass ich diesmal wirklich auf jede Bahn komme, grölt der Rest der Familie. Ida meint: »Mama, du musst uns nichts beweisen, du hast doch schon beim Autoscooter geheult.«

Stimmt, aber da hatte ich grad eine emotionale Phase.

Alma meint: »Mama, dir wird nur schlecht.« Ich lache und sage: »Ich darf vorher einfach keine Zuckerwatte oder Fischsemmel essen.« Schneider guckt spöttisch zu mir herüber. Also ehrlich, die haben keine Ahnung, dass ich mich weiterentwickelt habe. Ich bin bereit. Ich bin mutig. Schliesslich ist auch das Leben ab und zu eine Achterbahn! Da ist so ein bisschen Looping-Kram doch nur ein Klacks.

Freier Fall

ER Es klingt vielleicht seltsam, aber im Europapark kann ich enorm gut entspannen. Ich denke immer nur an die nächste Fahrt und geniesse es mit einem gewissen Stolz, zu sehen, wie meine Töchter knallhart jede noch so verrückte Bahn fahren. Mutige Mädels!

Nun ist die Blue Fire dran. Schreiber liest beim Anstehen besorgt die Warntafeln und sagt: »Nicht mit Herzproblemen auf die Bahn. Und die Brille sollte man abnehmen.« Ich beruhige sie: »Die Brille? Die habe ich noch nie ausgezogen, ist alles halb so wild. Lass sie auf, sonst siehst du ja nichts. Wäre schade.«

Sie nickt. Sie schweigt. Sie hat eindeutig Bammel. Ich knuffe sie und sage: »Gib dich voll rein, es ist grandios.« Die Mädels hinter uns erkundigen sich, ob alles okay sei. Schreiber nickt stumm.

Hoffentlich berappelt sie sich, ist ja ein Riesenerlebnis! Dann klettern wir in den Wagen, schliessen den Bügel, eine Sirene trötet, wir rasen los. Die Beschleunigung ist jedes Mal ein Hammererlebnis. Ich gucke rüber zu Schreiber. Sie krallt sich am Griff fest, presst die Augen zusammen, ihr Kopf ruckelt hin und her, und sie brüllt wie am Spiess.

Irgendwie erinnert sie mich an damals, als sie unsere Kinder bekommen hat.

SIE Ich bin bereit, ich bin bereit, ich bin bereit! Alle in meiner Familie schwärmen von der Blue Fire und kichern hysterisch, wenn sie erzählen, wie megahammercool das sei. Sie haben überlebt. Also werde ich das auch.

Wir steigen ein. Ich ganz konzentriert, ganz still, ganz bei mir. Da beschleunigt unser Wagen von null auf tausend, mindestens, begleitet von widerlichem Sirenengeheul, es presst mich in den Sitz, ich kralle mich fest und bereue alles. Kann einem das Herz wirklich in die Hose rutschen? Dann passiert das grad jetzt bei mir. Ein Nahtoderlebnis, für das ich auch noch Geld bezahlt habe!

Schneider schreit, ich solle die Arme in die Höhe strecken. Der spinnt wohl! Ich muss mich festhalten, sonst schleudert es mich aus dem Sitz. Er schreit, ich solle die Augen öffnen. Das mache ich und muss fast kotzen, weil unter mir der Himmel fliegt.

Zudem spüre ich, dass meine Brille rutscht. Ich schiebe sie mit einer Hand hastig zurück, dann klammere ich mich wieder fest. Die Bahn rast, bebt, und ich sterbe jetzt gleich, weil alles kopfsteht und ich spüre, wie etwas wegfliegt. Mein Mut, mein Herz und vor allem meine Brille.

Ab dann heule ich nur noch.

Ich hätte daheimbleiben sollen.

Schwindel

 ER Fahre ich mit Schreiber durch die Berge, erzählt sie mir gerne, welche Höhen sie schon bezwungen hat, damals, bevor wir uns kannten. Es purzeln Namen wie Sulzfluh, Septimerpass, Piz Lunghin, Cavadiras-Hütte, Grosser Widderstein … Das freut mich. Ich sehe uns zwei, da unsere Teeanger-Töchter immer seltener mitkommen wollen, in Zukunft gemeinsam wirklich spannende Wanderungen unternehmen.

Was ich allerdings jetzt sehe, lässt mich daran zweifeln. Ich blicke auf ein Häufchen Schreiber kurz vor einem Weinkrampf, das jeden Schritt mehrmals überprüft, sich an Felsen klammert, keucht, schwitzt und zwischendurch ruft: »Ich schaff das nicht.« Das, was wir grad nicht schaffen, ist eine zweistündige, also lockere Wanderung vom Splügenpass nach Monte Spluga, gut markiert, vorbei an ein paar Seen und über eine halbsteile Geröllhalde. Aber Schreiber sieht überall Abgründe. Sie lehnt an einem Felsen und flüstert: »Ich bin total unterzuckert.« Eine Toblerone später wird mir klar, dass ich nach bald zwanzig Jahren eine völlig neue Frau kennenlerne, die mit zitternden Beinen durchs Gebirge gelotst werden muss. Sie sieht es offenbar auch so, denn sie meint: »Ist das nicht toll, dass ich immer wieder für eine Überraschung gut bin?«

SIE Dass ich nicht schwindelfrei bin, hatte ich Schneider öfter mal erzählt. Dass er sich darunter nichts vorstellen kann, erlebe ich soeben live. Der Boden schwankt, die Berge wackeln, meine Beine schlottern, alles kreiselt. Schneider lehnt ein paar Meter weiter oben am Fels und sagt: »Halt dich einfach fest, es kann nichts passieren.« Es kann allerhand passieren, denke ich und überlege, ob ich Mitglied bei der Rettungsflugwacht bin. Als ich an einem schmalen Grat nicht mehr weiterkomme, denn der Schlund zwischen zwei Brocken ist abgrundtief, reicht mir Schneider seine Hand. Er deutet auf einen Fels vor mir: »So, und jetzt den rechten Fuss aufsetzen, dann den linken dorthin und nun zieh ich dich rüber.«

Dank ihm schaffe ich den Spalt, der überwunden nur noch halb so tief aussieht. Ich muss mich setzen, brauche Zucker, Schneider zückt Schokolade, meint, dass ich das gut mache. Seine Aufmunterung beflügelt mich. Ich fühle mich sicherer. Ich werde nicht abstürzen und brauche keinen Helikopter! Dank meinem Bergführer Schneider! Gemeinsam können wir in Zukunft noch viel mehr wandern und Gipfel erobern. Toll! Er sieht das offenbar anders, denn er brummt: »Vielleicht wäre Golfen eher was für dich.«

WIRKLICH GUTE FREUNDE
SIND MENSCHEN, DIE UNS
GANZ GENAU KENNEN
UND TROTZDEM ZU UNS HALTEN.

Marie von Ebner-Eschenbach

Winkelzüge

Knubbelkäfer

ER Neues Jahr, neue Chance: »Was würdest du an mir ändern, wenn du könntest?«, frage ich Schreiber.

Sie lächelt mich an: »Du bist perfekt.«

Na, dann ist wohl das meiste in Ordnung, denke ich und freue mich.

Zu früh.

Schreiber reckt den Zeigefinger in die Höhe: »Halt, eine Sache: Du könntest leiser gehen.«

»Leiser gehen?«

»Genau. Habe ich dir schon oft gesagt.«

Stimmt, hat sie.

Stirnrunzelnd fährt sie fort: »Noch etwas fällt mir ein: Lass' deine Socken in Zukunft bitte nicht im ganzen Haus rumliegen, vor allem nicht auf dem Schreibtisch im Büro.«

»Das ist nur einmal vorgekommen.«

»Ja. Dann, als ich in diesem Büro eine Sitzung mit einer Journalistin hatte.«

Mist, welcher Teufel hat mich geritten, ihr so eine Frage zu stellen?

Nun blickt sie wieder freundlich: »Das sind nur Kleinigkeiten. Ich will dich nicht grundlegend anders.«

»Sondern?«

»Nun, das ist wie bei einem Auto: Man entscheidet sich für ein Grundmodell, dann konfiguriert man Farbe und Ausstattung selber.«

»Aha. Und was wäre ich denn für ein Modell?«

Sie denkt nach: »Hm, ein VW-Käfer?«

»Käfer? Wieso kein Porsche?«

Schreiber grinst: »Porsche ist überhaupt nicht mein Fall. Ich liebe VW-Käfer! Die sind so schön knubbelig.«

SIE Vermutlich hat Schneider wieder mal in irgendeiner Zeitung etwas über Beziehungen gelesen, das er spannend findet. Denn nun doziert er:»Sich selbst zu verändern, ist etwas vom Schwierigsten. Wusstest du das?«

Logisch weiss ich das, schliesslich will ich schon lange meine Schokoladensucht in den Griff bekommen.

Er fährt fort:»Nur etwas ist noch schwieriger: Jemand anderen zu ändern.«

Ich lächle:»Wem sagst du das! Aber ich will dich doch gar nicht anders. Einfach in den Details, da besteht noch Bedarf.«

»Details? Genau, die Details sind es! Oft versuchen Frauen, ihre Männer umzuerziehen, und meistens wollen sie den Männern genau das austreiben, was einst der Grund war, weshalb sie sich in sie verliebten. Das ist wissenschaftlich untersucht worden.«

»Früher hattest du jedenfalls keine Socken auf dem Schreibtisch rumliegen …«

Er ignoriert meinen Einschub und sagt:»Wenn es eine Frau tatsächlich schafft, ihren Mann nach ihren Wünschen zu formen, findet sie ihn nicht mehr interessant und verlässt ihn. Ich werde mich also nicht in den verwandeln, den du gerne hättest.«

Zu spät, Schneider hat noch nicht gemerkt, wie weit er bereits nach meinen Wünschen konfiguriert ist, mein Käfer.

81

Sesselkleber

ER Wir verbringen einige Tage in einem netten Berghotel. Speziell für mich, denn ich mag lieber Ferienwohnungen. Schreiber hingegen liebt Hotels und markiert bereits im Zimmer, dass sie ab sofort hier zu Hause ist: Innert Minuten schafft sie es, 25 Quadratmeter Alpenchic mit ihren Kleidern vollzupflastern. Sie entscheidet auch, wo ich schlafe: »Gell, das ist okay für dich, dass ich die linke Seite nehme.«

Und trinken wir an der Hotelbar einen Apéro, dann ist es »gell, okay für dich, dass du mit dem Rücken zum Raum sitzt«. Denn Schreiber liebt es, Leute zu beobachten. »Besser als Kino«, sagt sie und nippt verzückt am Martini.

Dass sie im Restaurant nicht den Tisch nimmt, der uns empfohlen wird, weil dieser suboptimal ist, kenne ich. Wie sind an einem Abend auch schon dreimal umgezogen.

Um das auszuhalten, brauche aber auch ich mein Revier: den Frühstückssaal. Weil ich jeweils eine Stunde früher aufstehe, trinke ich dort in aller Ruhe einen Kaffee und lese die Zeitung. Und zwar immer am selben Tisch. Aber was sagt Schreiber, als sie auftaucht: »Ich würde eigentlich gerne mal woanders sitzen.«

»Kein Problem, such dir einen Tisch aus!«, sage ich, greife zur Zeitung und lese weiter.

SIE Hotelferien mit Schneider sind sosolala. Er ist einfach nicht locker. Wie jetzt. Bleibt bockig sitzen, liest seine Zeitung und macht keine Anstalten, mal woanders zu frühstücken. Dabei wäre heute der Tisch vorne am Fenster frei. Viel heller, viel schöner. Auf den hatte ich die letzten Tage bereits ein Auge geworfen.

»Komm' schon, da haben wir eine tolle Aussicht.«

»Ich lese Zeitung und brauche keine Aussicht.«

»Zeitung hast du auch daheim. Aber hier, dieser Blick! Und gleich kommt die Sonne hinter den Gipfeln hervor.«

»Sonne haben wir später auch auf der Skipiste.«

Mann, ist der stur! »Was findest du denn so toll an diesem Tisch hier?«, will ich nun wissen.

»Dass wir jeden Morgen hier sitzen. Das gefällt mir«, sagt er. »Ich brauche in einem Hotel auch mal eine Konstante. Das ist für mich Erholung.«

»Wegen einer Konstante in der hintersten Reihe sitzen bleiben?«

Schneider legt die Zeitung kurz beiseite: »Mach du es dir dort ruhig gemütlich. Ich bleibe.«

Nun gut, ich habe die Wahl: Frühstück mit Blick oder ein Mann hinter der Zeitung. Der Fall ist klar.

»Welche Zimmernummer haben Sie?«, fragt mich die Kellnerin.

»Dieselbe wie der unflexible Herr da drüben in der dunklen Ecke.«

83

»Scheisskabel!«

Ohne Anschluss

 ER In gewissen Belangen geht es mir bei uns daheim besser als Schreiber: Ich muss mit niemandem in der Familie meine Kleider teilen. Keiner klaut meine Unterhosen, meine Socken, meine Handschuhe. Schreiber hat es schwerer. Die Mädels entdecken ihre Pullis, lümmeln in ihren Schlabberhosen, hüllen sich in ihre Schals.

Und doch gibt es etwas, das auch ich teilen muss, seit ich mit einem Smartphone den Anschluss an den Rest der Familie geschafft habe: mein weisses Aufladekabel. Die anderen haben zwar auch eines, aber aus unerfindlichen Gründen verwenden sie lieber meines.

Die Folge: Ich rase regelmässig suchend durchs Haus. Manchmal finde ich mein Kabel, manchmal ein anderes, das mir dann nur widerwillig ausgeliehen wird. Ich klebe meinen Namen auf mein Kabel. Nützt nichts, ich könnte ebenso gut draufschreiben: »Verwendet mich, wann immer ihr wollt, und bringt mich ja nicht zurück!«

Doch dann überraschen mich die Kinder mit einem neuen Kabel in Schwarz. »Ganz für dich allein. Papa.«

Sehr aufmerksam!

Am nächsten Tag ist es jedoch wieder verschwunden. Schreiber bemerkt meine geladene Stimmung: »Du«, sagt sie, »ich habs mir nur kurz ausgeliehen«, und fieselt *mein* schwarzes Kabel aus dem Stecker neben ihrem Schreibtisch.

SIE Schneider kann aber auch zickig sein! Als ich ihm sein Ladekabel zurückgebe, das ich nur kurz ausgeliehen hatte, kramt er unser Beschriftungsgerät aus der Schublade und druckt eine Etikette aus, wo MEINS! draufsteht.

»Ich weiss, dass es deins ist, ist ja schwarz. Brauchst es nicht zu markieren!«, sage ich und mache mich auf die Suche nach meinem weissen Teil, das ich einst mit buntem Washi Tape umwickelt habe. Und tatsächlich, ich finde es tief im Chaos der Teenie-Zimmer. Dabei entdecke ich zusätzlich mehrere Teller mit undefinierbarem Restessen, einen verschrumpelten Apfelbutzen, leere Chipstüten, einen halb getrunkenen Cappuccino mit hellgrüner Schicht, die mal Schaum war.

Ich schleppe meine Errungenschaften runter, stecke mein Handy ein, das fröhlich piepst, weil es wieder Nahrung bekommt.

Am Abend höre ich Schneider im Arbeitszimmer fluchen.

»Scheisskabel!«

Na, na, na!

Er kommt in die Küche, in der einen Hand einen Stecker, in der anderen einen Draht.

Zusammen war das mal *mein* Kabel.

»Habs zu fest aus der Dose gerissen!«, sagt er.

Das sehe ich.

85

Ich werde mir ein neues kaufen, eines, von dem niemand weiss, es wird in meiner Schreibtischschublade ein stilles Dasein fristen. Aber ein fröhliches. In Pink. Das schreckt Schneider hoffentlich ab, sollte er es doch mal zu Gesicht bekommen.

Schlaflos durch die Nacht

SIE Nach einem gemütlichen Abend kippen wir beide ins Bett, löschen das Licht, plaudern kurz, flüstern: »Gute Nacht« und verabschieden uns in die Welt des Schlafes.

Ich schliesse die Augen, suche die passende Position. Herrlich, so ein warmes Bett! Dann fällt mir ein, dass diese Woche Weltschlaftag ist und ich was dazu gelesen habe: Man braucht nur 15 Minuten bis zum Einschlafen, 45 Prozent aller Menschen haben Schlafstörungen, Frauen schlafen schlechter, wenn nebendran ein Mann liegt.

Schneiders Decke raschelt, er dreht sich, das Bett bebt.

Meine Füsse beginnen zu kribbeln, ich muss sie kreisen und strecken, nun raschelt meine Decke. Ich dreh' mich vorsichtig in eine bessere Lage und lausche: Schneider atmet ruhig.

Jetzt kitzelt mich was am Rücken, ich kratze mich leise. Schneider schnaubt und dreht sich auf die andere Seite.

Eine Frage schreckt mich auf: Habe ich den Wecker gestellt? Ich dreh mich zurück, kontrolliere den Wecker. Ist gestellt. Da wuchtet sich Schneider hoch, packt Decke und Kissen: »Kann nicht schlafen, gehe in die Stube«, sagt er und schlurft aus dem Zimmer.

Das war zwar nicht mein Ziel, aber unter diesen Umständen könnte ich es nun doch in 15 Minuten schaffen.

ER Schreiber ist ein kleines Kraftwerk. Statt ruhig dazuliegen und ins Reich der Träume zu gleiten, pflügt sie das Bett um.

Dabei war ich sehr, sehr müde und wollte sofort abtauchen. Aber jetzt ist das Zimmer aufgeladen, irgendwie voller surrender Energie.

Ich seufze. Früher konnten wir doch ganz entspannt zusammen einschlafen! Das scheint sich langsam zu verändern.

Ich zwinge mich in die Entspannung. Vier Mal tief atmen. Klappt nicht. Ich denke an das Sofa in der Stube.

Kühl, Platz, Ruhe.

Andererseits ist es auch im Bett schön.

Auf einmal haut Schreiber auf den Wecker. Das reicht: Ich haue ab ins Wohnzimmer, schiebe die Kissen vom Sofa, lege mich hin: Es klappt wunderbar, weg bin ich.

Doch irgendwann schrecke ich auf und blinzle: Es ist taghell im Wohnzimmer. »Hallo?«, frage ich.

Kein Ton in der künstlichen Helle.

Ich stehe auf, gehe zur Tischlampe. Sie ist an eine Zeitschaltuhr gekoppelt. Garantiert eine von Schreibers übertriebenen Massnahmen gegen Einbruch. Für mich bedeutet das aber Unterbruch. Die Uhr zeigt halb drei, ich ziehe den Lampenstecker, lege mich wieder aufs Sofa, wende mich und drehe mich und mir schwant: Vom Einschlafen kann ich heute Nacht nur noch träumen.

Der Einkaufsverhinderer

 ER Man sollte hin und wieder über seinen Schatten springen, vor allem in einer längeren Beziehung. Das tue ich grad jetzt, als ich sage: »Wir könnten hier einen Stopp einlegen.« Mit hier meine ich ein Möbelhaus, das Schreiber liebt – und ich will ihr eine Freude machen. Drinnen wundere ich mich allerdings: Sie reagiert anders, als ich gedacht hatte. Keine Begeisterung. Keine Luftsprünge. Seltsam. Deshalb frage ich: »Hältst du dich etwa wegen mir zurück?«

»Aber nein«, sagt sie.

Kurz danach zucken ihre Hände doch nervös, ich denke, es wird nicht mehr lange dauern. Richtig. Sie greift in einen Drahtkorb und fischt ein Plüschtier heraus. »Wär das was für Lilla?«

Unser Hund liebt Stoffbeute, aber dieser Hase ist zu wenig robust. »Hat eine Lebensdauer von einem Panzergrenadier«, erkläre ich ihr. Sie guckt ratlos. »Witz aus der RS. Maximal zwölf Sekunden.« Sie legt das Tier zurück in den Korb.

Dann lässt sie sich in einen Sessel fallen. »Wie findest du den? Voll bequem!«

»Voll? Ist auch unser Haus.« Schreiber deutet auf eine Vase. Vasen? Wie viele Vasen haben wir? Ich schüttle den Kopf.

Sie: »Schon gut.«

88 Ich: »Alles hier ist überflüssig.«

Schreiber nickt: »Vor allem einer.«

SIE Wir sind auf der Heimfahrt, und auf einmal schlägt Schneider vor, einen Zwischenhalt einzulegen. In einem Laden, den ich toll finde. Er will da sonst nie rein. Ich mime zum Start die Coole. Sozusagen um ihn sanft einzustimmen.

Doch nach einer Viertelstunde wird mir klar, dass die Sache schief läuft. Dass er null Lust auf Einkaufsvergnügen, sondern nur auf Einkaufsverhinderung hat. Ich zeige Schneider eine Vase, die es zum halben Preis gibt. Sein Blick vermiest mir das Schnäppchen. »Warum wolltest du eigentlich hierher?«, frage ich ihn.

Er: »Um dir eine Freude zu machen.«

Wenn das so ist, müssen sich unsere Wege trennen. »Trink du in Ruhe einen Kaffee, und wir treffen uns dann beim Auto.« Er nimmt an. Kaum ist er weg, ist mein Jagdtrieb befreit. Ich ergattere im Nu eine Decke für meine Mutter, die besagte Vase und ein paar hübsche Kinkerlitzchen.

Klar, dass Schneider murren wird, wenn er das sieht. Da der Autoschlüssel aber in meiner Handtasche liegt, gehe ich ins Parkhaus, verstaue die Sachen hinter der Rückbank, düse wieder hoch und treffe Schneider im Kaffee. Er staunt: »Was? Mit leeren Händen?«

Ich nicke, denn das ist in diesem Augenblick nicht einmal geflunkert.

89

Hartes Glück

ER In unserem Garten schuftet zurzeit ein Siebzehnjähriger. Er geht noch zur Schule und verdient sich in den Ferien etwas dazu. Die Arbeit ist hart, er muss Bretterwände mit einer Drahtbürste schrubben, damit die alte rote Farbe runterkommt. Erst dann können die Wände wieder frisch bemalt werden.

Der junge Mann arbeitet mit Bienenfleiss, gönnt sich keine Pause, hat Energie für zwei, ist von oben bis unten dreckig und verschwitzt. Das gefällt mir. Ich war auch so in seinem Alter. Ich schuftete in der Betonelemente-Fabrik meines Grossvaters, schleppte Armierungseisen und Schalbretter. Abends war ich komplett erledigt – aber ich hatte die Befriedigung, etwas geleistet und Geld verdient zu haben.

Kürzlich half ich einem Bekannten beim Umbau seines Hauses. Ich wütete mit einem Schlaghammer im alten Badezimmer und befreite es von Zwischenwänden und Betonbergen, in denen eine Badewanne steckte. Vier Stunden lang, davon zwei am Boden liegend, mit einer kurzen Trinkpause. Es dröhnte in meinen Ohren, ich schluckte Staub, meine Hände vibrierten noch stundenlang, drei Tage lang plagte mich Muskelkater und eine Woche lang eine aufgesprungene Blase am Handballen.

Ich empfand pures Glück.

SIE Beeindruckend, wie der Bursche im Garten rackert. Er hört wohl gute Musik dabei, denn er trägt Stöpsel in den Ohren. Wie Schneider, wenn er draussen fuhrwerkt und ich seinen Bewegungen ansehe, dass er AC/DC oder so hört. Aber irgendwie tut mir der Junge leid. Es staubt und rieselt gewaltig. Welch' schmutzige, anstrengende Angelegenheit! Ich bereite deshalb als Trost ein leckeres Znüni zu. Schneider sieht das volle Tablett mit Keksen, Obst und Saft. »Was soll das?«

»Für seine Kaffeepause!«

»Der will das nicht. Der will arbeiten. Schau ihm mal zu.«

Warum ist Schneider so hart? Ich lasse ihn stehen, öffne die Terrassentür und rufe unserem jugendlichen Handwerker zu, dass er zum Znüni kommen könne. Hinter mir erklärt Schneider: »Das verstehst du nicht! Da ist man im Rausch, es macht total glücklich, hart zu arbeiten.« Ich will antworten, dass er derjenige sei, der rein nichts verstehe, da erklingt aus dem Garten eine Jungmännerstimme: »Alles bestens, ich mache hier weiter. Es läuft grad so gut.«

Hinter mir lacht Schneider. Ich schliesse die Terrassentür und drehe mich zu ihm: »Was ich schon lange fragen wollte: Warum schrubbst eigentlich nicht *du* die ganzen Holzwände?«

91

Zugeschnappt

SIE Sie ist in die Jahre gekommen, unsere gute Geschirrspül-
maschine. Der Tellerwagen klemmt schon seit einer Weile,
neuerdings tut es auch die Türe. Ich kann sie nur mit Karacho
zudonnern und hoffen, dass sie geschlossen bleibt. Bleibt sie aber
nicht. Nach wenigen Sekunden geht sie wieder auf. Muss irgendwie am Scharnier liegen, das nicht mehr einhängt. Ist vielleicht
verbogen oder womöglich abgebrochen. Ich gehe auf die Knie
und leuchte mit der Taschenlampe in die Öffnung. Ich liebe es,
Dinge zu reparieren, das habe ich von meinem Vater, der alles
wieder ganz machen konnte. Alles ausser seiner Ehe, aber das ist
ein anderes Thema.

Mir scheint, dass der Gegenhaken verklemmt ist. Werde es
mal mit einem Schraubenzieher versuchen, als Schneider in
die Küche kommt und fragt: »Na, meine Handwerkerin, voll im
Element?«

»Ja, aber das wird schwierig, ich komm' nicht gut dran.«

»Lass mich mal!«, sagt er. Eine Aussage, die übersetzt heisst:
»Ich tu so, als würde ich es reparieren, weil ich das als Mann ja
können sollte.«

Ich lass ihm seinen Glauben und hole mir schon mal einige
Werkzeuge aus der Werkstatt. In der Zwischenzeit kann
Schneider ja so tun, als sei er handwerklich begabt.

ER Weil ihr Vater ein begnadeter Heimwerker war, bildet sich Schreiber ein, sie habe dieses Talent ganz selbstverständlich in die Wiege gelegt bekommen. Ich fände es schon grossartig, wenn sie wenigstens die Etiketten gerade und nicht schräg auf die Gläser ihrer frischgekochten Konfitüre kleben könnte.

Sorgfältig beäuge ich die Türe und entdecke ein Teil, das nicht einrastet. Defekt. Ich schiebe es mit einem Messer in die richtige Position, da bricht die Klingenspitze ab. Ich klatsche die Türe zu, doch jetzt hält überhaupt nichts mehr. Schreiber seufzt, als sie wieder auf den Plan tritt. Hält das spitzenlose Messer hoch, schnaubt, als sie feststellt, dass ich den Schaden nun erst recht vergrössert habe, und macht auf dem Absatz kehrt.

Manchmal hilft in solchen Fällen Gewalt, denke ich, Zufall oder Fortuna: Mit letzter Hoffnung schlage ich kraftvoll an die Tür, aber kein Wunder passiert.

Plötzlich ist Schreiber wieder da und fuchtelt mit zwei Schraubzwingen: »Drück du die Türe zu, ich mach sie dicht.« Sie fixiert die Klemmen, schraubt sie an die Steinplatte oberhalb, die Türe bleibt, wo sie sein sollte. Kurz danach höre ich das gewohnte Geräusch der Maschine, ein sanftes Schnurren. Wäre schön, wenn Schreiber auch so klingen würde.

Tut sie aber nicht.

Sie schnalzt nur triumphierend: »Tja!«

93

Mein Morgen

 ER Er ist für mich der schönste Morgen der Woche, der Samstag. Meistens bin ich so gegen sieben Uhr in der Wohnküche, Schreiber schläft noch, unser Hund blinzelt müde und pennt weiter.

Mein Morgen. Ich öffne die Vorhänge, stelle die italienische Mokkakanne auf den Herd, hole mir das »Zeit«-Magazin und mache es mir im Wohnzimmer nah am Fenster gemütlich. Blick in den Garten, Kaffeeduft in der Nase, das knifflige Worträtsel »Um die Ecke gedacht« auf meinen Oberschenkeln.

Diese Ruhe. Dieses »Nur ich und mein Rätsel«. Den Tag andenken, den Rotbrüstchen zusehen, wie sie über die Veranda flattern, eifrig und zart. Bin dankbar. Still. Zufrieden. Unglaublich, wie glücklich mich mein Leben gerade macht.

Und nun das Rätsel, meine Kopfgymnastik, mein Gehirnyoga. An erster Stelle heisst es: »Ihr Klappern gehört zum Büroalltag, wo man mit Muntermacher nicht spart.«

Was könnte das denn sein? Ich drehe und wende Wörter, Kaffee, klar, aber klappern? Jetzt muss ich eben um die Ecke decken und dieses Wort aufspüren, das elf Buchstaben hat.

Da höre ich oben Schritte. Erst im Bad. Dann im Gang, wir haben ja ein hellhöriges Holzhaus, dann auf der Treppe. Schreiber biegt um die Ecke, und ich denke: Nicht jetzt schon!

SIE Was bin ich herrlich ausgeschlafen! Schneider ist schon aufgestanden, er ist meist der Erste von uns. Ich könnte noch im Bett lesen, will aber lieber diesen Morgen mit ihm teilen, gehe leise runter und sehe ihn im Wohnzimmer sitzen. Er hat mich noch nicht bemerkt, blickt versunken auf sein Lieblingsrätsel. Mein Denkerchen! Ich sage: »Guten Morgen, noch Kaffee da?«, umarme ihn, er nur »hallomhhm«. Noch ganz verschlafen, der Gute. Ich mache das Radio an, setze mich mit der Tasse neben ihn. »Herrlich, so ein Samstagmorgen, nicht wahr?« Er sagt was von Muntermacher, klappern und elf Buchstaben.

Keine Ahnung, was das sein soll. »Eine Schreibmaschine?«

Er verdreht die Augen. »Seit wann ist eine Schreibmaschine ein Muntermacher? Es ist eine …«, er macht eine Pause, »eine Kaffeekasse.«

»Aha, dachte halt nur so, wegen klappern, denn ganz ehrlich, eine Kaffeekasse klappert nicht, die klimpert.«

Er legt das Heft zur Seite und fragt: »Soll ich dir dein Sudoku holen?«

»Ja, gerne, bist ein Schatz! Gemeinsam knobeln! Ist das nicht ein wundervoller Start ins Wochenende?«

Schneider guckt mich lange an, steht auf und sagt nachdenklich: »Wie man's nimmt.«

Also, das ist jetzt echt rätselhaft.

DER HUMOR IST
DER REGENSCHIRM DER WEISEN.

Erich Kästner

Klamotten

Oben ohne

SIE Der feuchtkalte Nebel umklammert uns. Schon seit Tagen. Kein bisschen hell am Himmel, keine Lücke mit Blau, alles müde. Ich koche zu Mittag eine deftige Hühnersuppe, damit wir wenigstens von innen gewärmt werden. Als Schneider von draussen reinkommt, höre ich ihn im Gang schnuppern und rufen: »Hmmm, das duftet!«

Dann taucht er neben mir auf, nimmt sich den Suppenlöffel und beugt sich über den dampfenden Topf.

»Äh, du hast deine Mütze noch auf.«

»Klar«, lacht er, »ist ja saukalt draussen.«

»Aber jetzt bist du drinnen.«

»Na und? Sie ersetzt meine Haare.«

Abends beim Abendessen: Endlich zu viert, alle am Schwatzen und Lachen. Wie ich sie liebe, diese Augenblicke mit unseren Töchtern.

Schneider wohl auch, er strahlt, wobei sein Gesicht kaum zu sehen ist, denn er trägt noch immer seine Mütze.

»Willst du die nicht mal ausziehen? So eine Kopfhaut möchte doch auch mal atmen.«

»Papa sieht gemütlich aus«, finden die Mädchen.

Abends im Bett. Schneider und ich lesen, im Gang schnurren die Kater; wenn es kalt wird, bleiben sie im Haus. Ich drehe mich zu meinem Liebsten, er hat sich hinter einem Buch versteckt, trägt Lesebrille und … Mütze.

»Ach, mein Schlumpf!«

ER Es gab eine Zeit, da lachte ich über Schreiber, wenn sie sich mit Schals, dicken Socken und einem wolligen Nierengurt gegen den Winter wappnete. Anders gesagt: Wenn sie so angezogen ins Bett ging, wie ich in den Schnee. Heute verstehe ich sie besser. Ich brauche Kopfschutz. Gegen kalten Luftzug, gegen Januarkoller. Ist mein persönlicher Seelentröster geworden. Mit Mütze geht's mir besser. Schreiber aber macht dauernd Sprüche, zupft an meiner Kopfbedeckung rum, sagt, ich solle sie nicht so weit ins Gesicht ziehen, hinten besser drapieren und so weiter. Und nun nennt sie mich auch noch Schlumpf. Nicht unbedingt das, wie man im Bett von seiner Frau angesprochen werden will.

Ich lege das Buch beiseite.

»Erinnerst du dich noch an unsere Mädchen, als sie klein waren.«

»Ja, klar.«

»Weisst du auch, wie du sie bereits ab Oktober panisch mit Mützen eingedeckt hast, weil ihr Babyhaar noch schütter war.«

»Gott, waren die süss.«

»Jetzt erinnere dich mal an ihren Kopf und schau meinen an …«

»Gott, wie süss.«

»Nein! Oben rum verliert man Wärme! Drum lass mir meine Mütze. Und bitte nenn mich nicht mehr Schlumpf!«

»Gut. Ist dir Wichtel lieber? Oder Troll? Oder Mützi?«

Alles klar. Schlaf ich eben oben ohne.

99

Unsichtbar

ER Ich gehe abends nochmals aus dem Haus, in die Stadt, Abendessen mit Freunden. Es wird bestimmt spät. Schreiber beobachtet mich beim Anziehen. Sie sagt: »Es ist dunkel!«

»Logisch, ist ja Abend. Und Winter.«

»Da sieht man die Leute nicht.«

»Welche Leute?«, frage ich und schlinge mir einen Schal um.

»Na dich, die Fussgänger, die sieht man nicht gut, vor allem, wenn Gegenverkehr herrscht.«

»Ich gehe nicht gegen den Verkehr, sondern auf dem Trottoir.«

»Trotzdem!«, schnaubt sie und reicht mir einen seltsamen Fransenbund in Silber. »Nimm den, damit fällst du auf.«

Will ich auffallen? Ich schüttle den Kopf. Sie seufzt, dann zückt sie unsere Hundeleine. Schreibers Lieblingsleine. Sieht im Scheinwerferlicht wie eine reflektierende Schlange aus. Die braucht sie, wenn sie abends nochmals mit Lilla spazieren geht. Ich nicht, denn Lilla marschiert immer direkt neben mir.

Schreiber sagt: »Du kannst dir die Leine einfach locker umhängen, das sieht dann aus, als würdest du Gassi gehen.«

»Ich geh nicht Gassi, sondern an einen Männerabend.«

Sie: »Musst ja niemandem sagen, dass du keinen Hund dabei hast.«

Mann! Ich ergreife besser die Flucht, bevor sie mich an die Leine nimmt.

Und weiss auf einmal wieder, warum ab und zu ein Männerabend überlebenswichtig ist.

SIE Wie Schneider sich sträubt! Dabei will ich doch nur, dass man ihn nicht übersieht. Das geschieht nämlich schnell, und ich ärgere mich oft über jene, die ohne Reflektoren im Abendverkehr, schwupps, über die Strasse springen. Pechschwarze Gestalten. Unsichtbare Zweibeiner. Ein einziger, kleiner Reflektor würde reichen, damit die Leute nicht übersehen würden.

Genau das will ich bei Schneider erreichen.

Zuerst biete ich ihm meinen coolen Schlüsselanhänger an: »Häng ihn einfach an den Reissverschluss, da baumelt er dann.« Ein hübsches Teil aus silbernen Fransen. Schneider erkennt den sowohl modischen als auch nützlichen Wert nicht. Er meint: »Sicher nicht. Sieht aus wie eine Puderquaste.«

Dann halt die Hundeleine. Wieder weigert er sich.

Versteh ich nicht. Wie kann man sich gegen lebensverlängernde Massnahmen sperren? Ich muss anders vorgehen. Bevor er loszieht, umarme ich ihn nochmal innig. Er sagt, es sei schon gut und es könne übrigens spät werden. Dann spurtet er in die Finsternis, die ihn gleich verschluckt. Erst bei der Strassenlaterne an der Kreuzung blitzt er wieder auf. Von hinten.

Mein beherzter Griff hat gewirkt. Der Reflektor mit Klettverschluss klebt an seiner Jacke.

Räumen statt Träumen

 ER Kurz bevor ich ins Reich der Träume wegdämmere, höre ich
Schreiber aus dem Bett klettern. Sie verlässt das Zimmer.

Ich lasse die Augen geschlossen, versuche, wieder abzutauchen.

Irgendwann geht das Licht an in der Schrankkammer, die
mit einer Schiebetüre mit unserem Schlafzimmer verbunden
ist. Das Zimmerchen war Schreibers Idee und wurde früher als
Bastelraum, Abstellkabuff oder Yogastube verwendet. Vor Kurzem hat uns ein Schreiner einen massgeschneiderten Giganto-
Schrank eingebaut. Nun ist es der Lieblingsaufenthaltsort
meiner Mädels. Ich seufze, taste mit der Hand nach Schreibers
Kissen, drücke es mir auf die Augen, drehe mich zur Seite, finde
es ganz angenehm, das Bett für mich allein zu haben, mein Atem
wird ruhiger, muss morgen früh raus, drum tauche ich jetzt ...

Es raschelt, Türen klappen auf und zu, nun rattert etwas, es
klickt, es rattert erneut.

Ich reisse mir das Kissen von den Augen, blinzle, Schreibers
Schatten huscht unter dem Türspalt zum Kleiderzimmer hin
und her. Die Kirchenglocke beginnt, Mitternacht zu schlagen,
ich schmeisse die Decke weg, schwinge mich auf die Beine,
stosse die Schiebetüre zur Seite und frage:

»Was zum Teufel machst du da?«

SIE Statt mich weiter rastlos im Bett zu wälzen, stehe ich leise
auf. Schneider atmet ruhig. Der hat's gut. Schläft einfach.
Ich tigere durchs Haus. Könnte schreiben, lesen, Filme gucken.
Da sehe ich im Gang das Wäschegestell. Vollbehängt. »Warum
nicht?«, denke ich und beginne es abzuräumen. Als ich einen
Teil der Sachen in unserem neuen, grossen Schrank verstauen
will, trifft mich der Schlag: totales Chaos. Unsere Töchter reissen
immer wieder die Klamotten zum Anprobieren raus, lassen sie
dann liegen oder knüllen sie zurück in die Fächer.

Ich habe eine Mission, leere den Schrank, falte die Kleider und
mache Stapel, hole das Etikettiermaschinchen aus dem Arbeitszimmer, beschrifte die Tablare: T-Shirts hell, bunt, dunkel. Ich
arbeite leise und emsig, wie eine Zauberfee. Gegen Mitternacht
ist mein Werk vollbracht.

»Was zum Teufel machst du da?«, höre ich Schneider, der
aus dem Dunkeln auftaucht. Ich flöte: »Guck mal, wie in einer
Boutique.« Doch statt Beifall ernte ich Verständnislosigkeit.
Schneider ist nicht in der Lage, die Schönheit eines aufgeräum-
ten Kleiderschranks zu erkennen, stattdessen sagt er: »Es ist ja
erst Mitternacht: Die Werkstatt im Schopf hat auch Potenzial.«

Dresswandel

 ER Ich bin ein wenig nervös, denn vor mir liegt ein offizieller Besuch im Bundeshaus. Mein erster! Ich darf für eine Buchrecherche einen Journalisten in die Wandelhalle begleiten. Den Dresscode hat er mir schon vor einer Weile per Mail zugesendet: *»Männer tragen dem offiziellen Charakter des Ortes angemessene Kleidung, mindestens aber Hemd, Veston und Krawatte oder Fliege.«*

Ich nahm den Code zur Kenntnis, kümmerte mich aber nicht darum. Nun stehe ich vor dem Schrank: Eine Fliege hatte ich noch nie, Krawatten habe ich zwei, eine dünne, hässliche schwarze mit einem elf Jahre alten Knoten, die andere ist edler, aber ungebunden. Ich bin nicht so der Krawattentyp.

Da ich zeitknapp bin und keinen Knoten binden kann, entscheide ich mich für die gebundene Hässliche. Sieht schlimm aus. Also ziehe ich über das weisse Hemd einen schwarzen Pulli. Ist brutal warm, dafür sieht man die Krawatte nicht mehr. Die erste Hose ist eingegangen, die zweite passt knapp. Dann schlüpfe ich in die schwarze Anzugsjacke, die früher besser sass. Mann, ist das eng.

Ich packe meine Sachen, rufe »Tschüss«, da baut sich Schreiber vor mir auf und sagt: »Gehst du ins Bundeshaus, um die Demokratie zu beerdigen?«

SIE Schneider steht vor mir, ich sehe schwarz! »So gehst du nicht nach Bern. Du siehst aus wie ein Bestatter.«

»Der Zug fährt aber in zwanzig Minuten.«

Typisch! Immer auf den letzten Drücker. Dabei weiss er seit Wochen vom Besuch im Bundeshaus. Ein Ort voller Würde. »Wir suchen etwas anderes«, sage ich und schicke ihm einen strengen Blick zu. In seinem Mittelfeld spannt sich alles. Er bemerkt es auch und grummelt: »Ich habe etwas zugenommen.«

Als ich ins Schlafzimmer komme, fühle ich mich wie in einem Film: Hemden und Hosen sind wild auf dem Bett verteilt. Ich wühle mich durch den Berg, entdecke ein dunkles Hemd, das wir vor nicht allzu langer Zeit gekauft haben.

»Passt dir das noch?«

Er zuckt die Schultern.

»Los, rein! Und dann den anderen Anzug. Den blauen.«

»Blau und Schwarz?«, fragt er und zwängt sich aus den Kleidern.

»Logisch, das geht, glaub mir.«

Als ich sehe, wie er ins Schwitzen gerät, muss ich prusten. Er findet es nicht lustig.

Minuten später steht ein schicker Schneider vor mir. Bereit für den Besuch des Bundeshauses. Und während er später zwischen den Räten in der Halle wandeln wird, wandle ich seinen Schrank um und miste ihn gründlich aus. Schliesslich will ich eine würdevolle Garderobe für meinen Mann im mittleren Alter.

105

Verlocht

 ER Es gibt Kleidungsstücke, die würde ich gern immer tragen. Eine Hose aus Italien, unzerstörbar; ein Paar Lederschuhe aus Salzburg, als Schreiber mit Alma schwanger war; ein Kaschmir-pullover, den ich mir zu einem runden Geburtstag geleistet habe.

Ich verknüpfe Kleider mit Erlebnissen. Und hänge an ihnen, als wären sie eine zweite Haut.

Schreiber kann das nicht nachvollziehen. Räumt sie im Frühling ihre Wintergarderobe in den Estrich und holt die Sommer-kleider runter, juchzt sie öfters auf, weil sie das meiste davon gar nicht mehr kennt.

Ich aber kenne mein Zeug. Und ich mag es nicht, wenn sie zu oft sagt, ich könnte ruhig auch mal die Sachen tragen, die sie mir geschenkt hat. Sie schlägt auch häufiger vor, etwas weg-zutun. Ungern. Denn das Hemd, das jetzt brutal um den Bauch spannt, ist noch tadellos – und ich werde vielleicht wieder mal schlanker. Wer weiss.

Schreiber regt auch gern an, dass ich mich von meinen alten Kaschmirpulli verabschieden solle. Ich kann mich aber kaum von ihm lösen; leider macht er das nun von selbst.

»Der ist komplett perforiert!«, urteilt Schreiber.

Schon, aber sie versteht einfach nicht, dass man selbst Fetzen über alles liebgewinnen kann.

SIE Wie der aussieht! An beiden Ellbogen, unter den Armen, neuerdings auch hinten am Nacken, vorne beim Bauch – alles durchlöchert. Schneiders Lieblingsspullover ist nur noch fadenscheinig ein Pulli, eher ein Gesamtkunstwerk namens »Mut zur Lücke«.

»Ich fühle mich einfach sauwohl darin«, erklärt Schneider und strahlt. Dass er dabei nicht wirklich saugut aussieht, ist ihm egal. Irgendwie rührend und irgendwie vertraut.

Denn Schneider erinnert mich in dieser Beziehung an meinen Vater, der Kleidungsstücke reparierte, bis das Original vom Flickwerk überwuchert war. Und wenn das Teil nicht mehr zu retten war, trug er es trotzdem. Als er in seinem gemütlichen Haus vor vielen Jahren in unserem Beisein starb, zog ich ihn an für seine letzte Reise. Ich suchte in seinem Schrank nach passenden Kleidern, wählte ein frisch gebügeltes Hemd, denn er sollte gut aussehen. Aber an seinen Füssen sollte er etwas tragen, das typisch mein Vater war: handgestrickte, bunte Wollsocken … mit Löchern. Sein grosser Zeh guckte keck aus dem Loch heraus.

Diese innige Erinnerung verändert doch tatsächlich auch meinen Blick auf Schneiders Kaputtpulli. Er ist ein Original. Wie Schneider. Wie mein Vater.

Blumendecke

SIE Ich brauche etwas zum Anziehen, denn unsere Ältere wird gefirmt. Sie lädt zum Fest viel Verwandtschaft und ihre beste Freundin ein, und da möchte ich natürlich hübsch aussehen. »Mach' doch einen Einkaufsbummel«, hat Schneider gemeint, und jetzt bin ich so weit. Ich schenke mir einen Nachmittag in der Stadt und suche *das* Teil.

Nach drei Stunden An- und Ausziehen, Zwängen und Seufzen, Staunen und Kreischen, beginne ich, an der Mode zu zweifeln.

Und an mir.

Mal sehe ich brav und fad aus, mal ist der Jupe zu kurz, mal bin ich zu lang. Als ich am Ständer mit Grösse 38 stehe und Sommerkleider durchsehe, flüstert mir die gertenschlanke Modeberaterin zu, ich solle doch auch mal bei der 42 gucken, da sei die Auswahl noch grösser.

Habe ich die Frau danach gefragt?

Kurz danach reicht sie mir ein kurzes Kleid. Ich schlüpfe rein, meine kräftigen Knie werden derart betont, dass sogar die Verkäuferin bei deren Anblick zusammenzuckt und rasch wieder den Vorhang schliesst.

Jetzt bloss nicht schlappmachen. Ich pirsche durch die Boutique, suche etwas Ungewöhnliches, etwas Freches, etwas Feminines. Nichts Strenges, nichts Dunkles und vor allem nichts Unbequemes.

Da entdecke ich auf einmal eine Blumenwiese. Ein kunterbunter Kurzmantel mit passender Hose und Bluse. Mir wird ganz leicht zumute. »Ein echter Hingucker«, sagt die Verkäuferin. »Sie können das tragen.«

Na, wenn die das sagt!

ER Schreiber schleppt aufgeregt Tüten ins Haus, sagt: »Setz dich!«, und huscht ins Bad. Ich höre Reissverschlüsse sirren. Sie ruft durch die Türe: »Augen zu, muss Schuhe suchen.« Sie geht zur Garderobe, dann klackern Absätze auf dem Holzboden. »Nicht blinzeln«, mahnt sie, »ich brauche noch Lippenstift.«

Die Firmung ist doch nicht heute, denke ich.

»Gleiheich kannst du gucken«, trällert sie.

Ich nehme meine Aufgabe ernst, halte die Augen geschlossen und hoffe sehr, dass sie etwas Schickes gefunden hat.

»Also, gell«, sagt sie, »ich hab' etwas gewagt, und ich kann das auch umtauschen, also, es ist halt schon ein bisschen ungewöhnlich für mich, hmm, ich weiss nicht, vielleicht hab ich mich von der Verkäuferin falsch beraten lassen, also …«

»Darf ich jetzt endlich schauen?«

»Tataaa! Und bitte, sage ganz, ganz ehrlich, wie du es findest.«

Ich öffne die Augen. Vor mir steht Schreiber mit roten Lippen und hektischen Flecken am Hals und kommentiert nervös: »Das ist Peach, die Modefarbe dieses Sommers.« Darüber trägt sie eine wahnsinnig lange, geblümte Tischdecke. Vielleicht so etwas wie eine Jacke?

Jedenfalls bin ich nicht sicher, ob ich nun ganz, ganz ehrlich sagen soll, wie ich das finde.

Sextest

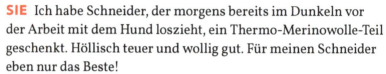

SIE Ich habe Schneider, der morgens bereits im Dunkeln vor der Arbeit mit dem Hund loszieht, ein Thermo-Merinowolle-Teil geschenkt. Höllisch teuer und wollig gut. Für meinen Schneider eben nur das Beste!

Nach seinem Waldgang treffen wir uns zum Morgenkaffee in der Küche, er mit frischen Wangen und in besagtem Wollhemd. Ich umarme ihn, da blitzt an seinem Rücken durchs zarte Gewebe nackte Haut hervor. Ein Loch! Hinten in der Mitte unterhalb vom Nacken. Etwa vier Zentimeter lang, der Stoff zerfetzt. Ritschratschfutsch.

Da er wohl kaum eine wilde Begegnung im Wald hatte, muss der Schranz eine andere Ursache haben. Ich löse mich aus Schneiders Armen, nehme die Wollwunde unter die Lupe und weiss genau, wie das passiert ist.

Schneider reisst sich beim Ausziehen das Hemd jeweils von hinten mit beiden Händen über den Kopf, zerrt am Ausschnitt und zwängt seinen Schädel durch. Eine bescheuerte Art, sich der Kleidung zu entledigen. Richtig wäre: Von vorne mit gekreuzten Armen den Pullover am Bund greifen und sachte über das Gesicht und den Kopf schieben. Nicht ziehen. Nicht zerren. Schieben! Ich zeige ihm meine Technik. Er grinst und sagt: »Ich tu' vieles für dich, aber so weit gehe ich nicht!«

ER Schreiber zieht ihr T-Shirt aus. Mit klarer Absicht: Ich soll lernen, wie man das macht …

Ha! Als ob ich das nicht wüsste. Ich beherrsche das Ablegen textiler Oberteile seit Jahrzehnten. Aber eins ist sicher: nicht auf diese Weise. So wie sich Schreiber das T-Shirt auszieht, tun es nur Frauen. Sieht zwar sexy aus, wenn sie mit gekreuzten Armen den Stoff über ihre Taille nach oben streift, aber Männer machen das so: Sie greifen beidhändig vorne am Ausschnitt und ziehen diesen nach oben, packen dann hinten am Kragen an und, schwupp, rutscht das Teil über den Skalp. Einfach, schnell, praktisch.

»Es gibt eben Kleidungsstücke«, erklärt Schreiber schulmeisterlich, »die man zart behandeln muss. Die gehen sonst kaputt.« Kaputt? Natürlich habe ich das Loch gesehen, aber erstens dachte ich, dass es zur Belüftung diene, und zweitens schien mir das Leibchen sowieso ein Billigteil zu sein, so dünn, wie es ist.

»Du weisst schon, dass das Pulliausziehen eine Art Sextest ist, oder?« erkläre ich. »Das war mal Thema eines ‹Tatorts›. Darin entlarvte sich ein vermeintlicher Mann, weil er den Pulli wie eine Frau auszog. Verstehst du?«

»Was soll ich daran verstehen?«, fragt sie.

»Dass ich ein richtiger Mann bin!«

111

WENN ZWEI MENSCHEN
IMMER DASSELBE DENKEN,
IST EINER VON IHNEN ÜBERFLÜSSIG.

Winston Churchill

Paarcours d'amour

Paarcours d'amour

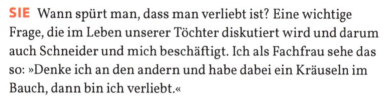

SIE Wann spürt man, dass man verliebt ist? Eine wichtige Frage, die im Leben unserer Töchter diskutiert wird und darum auch Schneider und mich beschäftigt. Ich als Fachfrau sehe das so: »Denke ich an den andern und habe dabei ein Kräuseln im Bauch, dann bin ich verliebt.«

Er: »Kräuseln? Das habe ich schon, wenn ich Mineralwasser trinke.«

»Nenn' es halt Kribbeln. Aber es kommt ja noch mehr dazu. Etwa, dass ich mir ausmale, mit dem anderen zu verreisen …«

»Hm, ist mir etwas zu unkörperlich.«

»Du bist echt ungeduldig! Eindeutig wird es, wenn man den anderen unbedingt anrufen will, sich aber nicht traut.«

Schneider: »Meinst du, die telefonieren heute noch?«

»Na, halt in Kontakt treten, ist doch egal, wie. Auf jeden Fall war ich jeweils vorsichtig verliebt.«

»Was? Du hast mich damals aus heiterem Himmel geküsst.«

»Ich hatte keine Wahl, du warst ja noch viel vorsichtiger als ich. Das hat mich beeindruckt. Deine Zurückhaltung. Dein Anstand. Einer deiner Charakterzüge, in die ich mich damals verliebt habe. Ich wusste, du bist ein Respektvoller.«

Schneider lächelt: »Und ich spürte: Du bist eine Tatkräftige.«

Wir blicken uns an, sehr lange, und in meinem Bauch beginnt es zu kräuseln.

ER Verliebtheit ist ein grandioses Gefühl! Schreibers Definition erstaunt mich deshalb ein wenig. Sehr zaghaft. Ich dachte immer, sie könne kaum mehr atmen, wenn sie mich sah, dabei kräuselte es nur in ihrem Bauch. Ich hingegen war nutzlos. »Bin ich verliebt, muss ich weder essen noch schlafen, trotzdem bin ich voller Energie. Ich will bei meiner Liebe sein. Pausenlos. Sogar eingebildete Berührungen jagen mir dann Schauer ein, ich könnte juchzen, singen, tanzen, ein Rad schlagen …«

»Ich hab' dich nie ein Rad schlagen gesehen.«

»Vor deiner Zeit. Sogar rückwärts.«

»Hat nie jemand für mich gemacht. Hätte mir gefallen.«

»Komm, für dich habe ich symbolisch tausend Kapriolen geschlagen! Verliebtheit heisst Kontrollverlust. Sich auszuliefern, egal, was daraus wird.«

Sie fällt mir ins Wort: »Liebeskummer! Darin war ich Profi. Also wurde ich vorsichtiger.«

»Aber doch nicht, wenn man so jung ist wie unsere Töchter! Da soll man brennen, fliegen, abtauchen. Die leidenschaftliche Liebe ist ein Vulkan, ein Ozean, der Himmel!«

»Du trägst ganz schön dick auf«, sagt Schreiber, »aber wieder mal so ein bisschen verliebt …« Sie macht eine kurze Pause: »Hach!«

115

Und ich weiss genau, was sie mit »hach« meint.

Alles geht auf

SIE Ich liege oben auf dem Bett, lese, lümmle. Es ist Sonntag, der müde Nachmittag legt sich zu mir, schleicht dumpf durchs Fenster. Wir sind beide schlapp: mein gebrochener Arm und ich. Die Speiche heilt mit Ach und Krach, die Knochenzellen wispern mir leise zu: »Wird schon wieder gut werden.« An diesem Sonntag gehen Schneider und ich ganz in unseren momentanen Rollen auf: ich einarmig mit Gips, er als Hausmann. Unten höre ich ihn, wie er pfeift, wie er singt, dann das Klatschen von Teig auf Holz.

Ich sehe vor meinen Augen, wie er versunken knetet, konzentriert mit sich beschäftigt ist und uns allen dabei auch noch eine Freude macht: Er backt ein Brot. Wie ich das liebe!

Ich rufe seinen Namen, höre Schritte auf der Treppe, er kommt ins Zimmer, Mehl an seinen Wangen. Ich sage: »Du könntest auch Nüsse in den Teig mischen.«

Schneider lächelt: »Gute Idee, mach ich.«

Ich strecke meinen gipsfreien Arm aus: »Komm' mal her, mein Bäcker!«

Er beugt sich zu mir, ein sinnlicher Huschkuss. Köstlich. Am Abend werden wir am grossen Tisch sitzen, das knusprige Brot schneiden, Butter aus den Bergen und ein grosses Stück Alpkäse dazu servieren. Glück kann man essen. Das tu' ich und beisse Schneider zärtlich ins Ohrläppchen.

ER Es ist sinnlich, einen Teig von Hand zu kneten. Ein wonniges Techtelmechtel aus Mehl und Wasser und Hefe, elastisch, glatt, lebendig. Drückt man einen Finger rein und zieht ihn wieder raus, schwillt der Teig wieder in die alte Form zurück. Ich weiss: Je länger geknetet, um so luftiger das Brot. Also knete ich freudig und klatsche den Teig auf den Tisch. Schreiber findet, dass ich gut massieren könne. Könnte ich ihr mal wieder anbieten.

Oder sie mir. Es wäre mir gerade drum. Ich würde mich gern wie ein Teig hinlegen an diesem faulen Sonntagnachmittag. Ein Geben und Nehmen, feines Brot, feine Berührungen.

Mir fällt eine Liebe meiner Jugend ein. Sie war schön und ich ungestüm. Dauernd wollte ich mit ihr knutschen. Sie entwand sich mir aber leider viel zu oft und schenkte mir ihre Liebe auf eine Weise, die durch den Magen ging. Sie kochte grandios für mich, das war ihre Liebeserklärung.

Ich gehe hoch zu Schreiber, sie hat nach mir gerufen. Liegt im Bett. Guckt total verliebt, knabbert an meinem Ohr, dann haucht sie: »Wenn der Gips weg ist, verwöhne ich dich so richtig.«

Ich seufze.

Sie fährt fort: »Ich hab' so Lust …«

Oh, ja!

»… wieder richtig kochen zu können.« 117

Kraftorte

SIE Ich ertappe mich immer öfter, wie ich in Gedanken an Orte reise, die ich liebe, die mir guttun, die mir Kraft schenken und mich aus dem Alltag entführen.

Ich stelle mir alles ganz realistisch vor:

Mit Schneider in Venedig auf dem Campo do Pozzi vor einer Bar beim Apéro.

Beim Wandern zur Spitzmeilenhütte im Spätsommer, weisses Baumwollgras glänzt im Gegenlicht.

Auf einem Holzsteg am Starnbergersee, der Geruch von Schilf und morschem Holz. Das Schlagen der Wellen an Segelboote.

Unser Garten mit dem Apfelbaum und Molchen im Teich.

Wie wichtig gute Orte für einen Menschen sind, erlebe ich stets in unseren Schreibkursen. Dort machen wir uns jeweils auf die Suche und werden an den unglaublichsten Stellen fündig. Eine Frau nannte mal den Schrank im Wohnzimmer ihrer Grosseltern, in dem sie sich als Kind verstecken konnte und der so stark nach dem Pfeifentabak ihres Grossvaters roch. Dort fühlte sie sich geborgen.

Ich erzähle Schneider von meinen Lieblingsorten: »Und? Welcher Ort schenkt dir gute Laune und Kraft? Dorthin reisen wir, sobald wir genügend Zeit haben.«

118 Er, ganz versunken: »Versprochen?«

Ich nicke und denke: Alles, aber bitte keine Autorennstrecke.

ER Schreiber fragt nach meinen Lieblingsorten. Einfach so, während wir im Garten werkeln. Ich denke nach.

Ein starker Herzensort liegt im Friaul, der Heimat meiner Mutter: Die Kopfweiden an den Kanälen zwischen den Äckern. Die Städtchen mit den schiefen Glockentürmen an der Piazza. Das Gurren der Tauben, das Morgenlicht, der Duft nach starkem Kaffee. Da werde ich sehnsüchtig, traurig und glücklich zugleich. Wie gerne wäre ich wieder mal dort.

Da spüre ich Schreibers Blick. Sie guckt fragend. Richtig, sie wartet auf Antwort. Und wie sie da so frühsommerlich vor mir steht, die Haare vom Wind zerzaust, barfuss in der Wiese, die Jeans hochgekrempelt, merke ich, dass auch sie mein Kraftort ist.

Das sage ich ihr deshalb auf ganz charmante Weise: »Du.«

Schreiber legt ihren Kopf schräg. »Echt?«

Ich nicke.

Sie umarmt mich: »Das war jetzt die schönste Lieblingserklärung seit Langem.«

Ich flüstere in ihr Ohr: »Hast du nicht gesagt, dass du mich dorthin einladen willst?«

Sie löst ihre Arme, sieht mich an und lächelt. »Aha! Dann war das nur ein Trick.«

119

»Kein bisschen«, sage ich, drücke sie wieder an mich und denke, ein klitzekleines bisschen Trick ist vielleicht auch dabei.

Zu viel Information

 ER Familientisch, alle vier beisammen, wie schön. Wir plaudern über Liebe und Beziehungen, und Alma will wissen: »Wie
war das, als ihr euch das allererste Mal begegnet seid?«

Schreiber lächelt, und ich habe wie immer sofort die Szene vor
Augen. »In der Redaktion. Sie hatte ihren ersten Tag …«

Schreiber zwitschert: »Das war in Zürich!« Irrelevant, aber
egal. Ich also weiter: »Ich kam verspätet von einer Recherche zurück, während die anderen schon lange an diesem Feierabend-
Apéro sassen, alle an einem riesigen runden Tisch, da sah ich …«

»Es war mein allererster Arbeitstag«, unterbricht mich
Schreiber, »er kam schnurstracks auf mich zu, gab mir die
Hand und sagte, dich kenne ich noch nicht. Das war super, weil
mich niemand sonst beachtete, ich fühlte mich recht verloren.«
Sie strahlt. Ich hechte in die Atempause: »Ich dachte halt, die ist
neu, ich sage mal Grüezi. Dann bin ich weitergegangen …« Sie
fällt mir ins Wort: »Es war so eine wilde Zeit, voll verrückt!«

»Ja, aber erst viel später, du bringst alles durcheinander«,
sage ich.

»Und du machst nicht vorwärts.«

»Dann erzähl' halt du!«

Schreiber nickt, sie wendet sich unseren Töchtern zu und
fragt: »Wie viel Zeit habt ihr denn?«

SIE Ich liebe es, an unseren Anfang zu denken. Schneider holt allerdings sehr weit aus. Ich mache also Tempo: »Am Tag, als du gekündigt hast, habe ich gemerkt, dass ich total in dich verliebt war.«

»Ja, aber da haben wir doch schon zwei Jahre zusammengearbeitet«, sagt er.

Ganz klar, wir können unsere Geschichte nicht gemeinsam erzählen. Er guckt ein bisschen muffig, also gebe ich ihm das Wort zurück. Während er erzählt, dass ich an besagtem ersten Apéro ein buntes Tuch in den Haaren trug, denke ich an unser erstes echtes Rendezvous. Wir blickten von einer Burgruine auf die Stadt hinunter, unsere Hände nebeneinander auf der Mauer, ohne einander zu berühren. Ich habe nicht auf die vielen Lichter, sondern nur auf den winzigen Luftraum zwischen unseren beiden kleinen Fingern geschaut.

Mittlerweile redet Schneider von gemeinsam geschriebenen Reportagen. Er macht einfach nicht vorwärts. Ich interveniere: »Anfangs blieb mir die Luft weg, wenn sich unsere Finger fast berührten, später dann vom Küssen! Einfach nur küssen. Ohne Eile.«

Die Mädels kreischen: »Hör auf! Zu viel Information!«

Schade, denn an diesen Teil unserer Liebesgeschichte erinnere ich mich ganz besonders gerne.

Der Mann der Träume

 ER Schreiber hat vor Kurzem gesagt, sie wünsche sich mehr Zärtlichkeit. Keine schlechte Idee, finde ich und blicke auf den Wecker: 06.59 Uhr. Perfekt! Es ist Sonntag, der Hund kann auch mal später raus, also habe ich alle Zeit der Welt.

Ich rutsche auf ihre Bettseite, lupfe die Decke, schmiege mich an sie. Der reinste Ofen. Hoch mit dem Duvet, rein mit etwas Frischluft. »Was machst du da?«, maunzt Schreiber.

Ich lass die Decke sinken. Tue, als wäre nichts, vergrabe mein Gesicht in ihrem Nacken. Sie grummelt, und ich setze fort, wonach sie sich offenbar sehnt: kuscheln.

»Lass dich nicht stören«, flüstere ich.

»Schon passiert!«, sagt sie.

»Schlaf einfach weiter.«

»Genau das würde ich gern tun. Es ist Sonntag!«

»Kein Problem, wir kuscheln nur«, besänftige ich.

»Nur …?«, sagt sie und rutscht weg.

Variante A: Ich rutsche hinterher. Variante B: Ich steh' auf, geh in die Küche, koche Kaffee und spaziere dann mit dem Hund. Ist auch nicht sooo schlecht. Aber: Sie hat klar gesagt, sie wünsche sich mehr Zärtlichkeit, die komme etwas zu kurz bei uns.

So gesehen, sollte ich unbedingt ihren Wunsch erfüllen. Und wer weiss: Vielleicht wird dann ja doch noch was draus.

SIE Eben war ich noch in der sanften Welt der Träume, da hebt Schneider meine Decke hoch, er robbt zu mir, kühle Morgenluft strömt drunter. Bloss ist es mir zu kalt für ein Techtelmechtel. Und viel zu früh. Zudem ist es seit Langem der erste Sonntag, an dem wir einfach ausschlafen können. Kein Brunch, kein Anlass, kein Garnichts.

Das Garnichts seufzt mir in den Nacken. Ist grundsätzlich angenehm. Aber ich kenne meinen Schneider, so fängt er gerne etwas an. Und genau auf dieses Etwas habe ich grad nicht so Lust. Das sage ich ihm, aber er hört nicht zu, sondern schmiegt sich noch fester an mich. Er flüstert: »Nur kuscheln, versprochen!«

Versprochen?

Er hält eigentlich immer, was er verspricht. Ich sollte ihm also eine Chance geben und schiebe mich auch ein bisschen in seine Richtung. Wie schön das ist, einander nah zu sein, ohne ganz nah zu kommen. Zärtlichkeit ohne Ziel. Hautnah beieinander dösen. Das fühlt sich wohlig an und bedeutet mir viel mehr, als Schneider ahnt.

Glücklich schlummere ich vor mich hin und vergesse, ob das ruhige Atmen in meinem Nacken Schneider ist oder ein schöner Traum. Der Traum, dass Schneider merkt, wonach ich mich sehne: Erwartungslos mit ihm zu kuscheln.

123

Küssen verboten

ER Küssen gehört zu jenen kommunikativen Tätigkeiten unter Menschen, die nie unterschätzt werden sollten. Ich meine damit natürlich keine gehauchten Wangenküsse, Küsse auf die – weshalb auch immer – Stirn oder Küsse mit zusammengepressten Lippen und Augen, die dabei offen bleiben.

Ich denke vielmehr an ein engagiertes Küssen, das unmöglich trocken durchgeführt werden kann. Ein Küssen, das eindeutige Rückschlüsse auf den Grad der Intimität zwischen zwei in Beziehung stehenden Menschen erlaubt.

Für ein Küssen dieser Art muss man sich Zeit nehmen und voll im Hier und Jetzt sein. Ich erinnere mich an einen Kuss mit Schreiber im Wald auf einer Wegkreuzung. Damit wir von Wanderern nicht gestört werden konnten, hatten wir eine Picknickdecke über unsere Köpfe gelegt. Da standen wir dann und küssten uns lang und leidenschaftlich, und ja, natürlich waren wir damals frisch verliebt. Heute küssen wir uns etwas seltener im Wald.

Daran muss ich denken, als wir zwei zusammen einen Film schauen, in dem sich zwei Liebende heissblütig küssen und etwas darüber hinaus gehen, weil es so im Drehbuch steht. Schreiber steht abrupt auf, huscht eilig aus dem Wohnzimmer und sagt: »Ruf mich, wenn sie fertig sind!«

SIE Es hätte ein schöner Filmabend werden können, wäre nicht so viel rumgeknutscht worden. Ich guck einfach nicht gerne zu, wenn auf der Leinwand geküsst wird. »Wie kann dir das nur peinlich sein?«, fragt Schneider kopfschüttelnd. Er versteht mich nicht. Mir ist es nicht peinlich, ich finde es oft zu plump: »In Filmen sollte Liebe subtiler dargestellt werden.«

»Du bist prüde«, sagt er. Ich schüttle den Kopf und gehe. Als ich nach der eindeutigen Szene wieder auf dem Sofa sitze, schwelgt Schneider in Erinnerungen an einen unserer ersten Küsse im Wald. »Ach, und warum haben wir das unter einer Decke gemacht?«, frage ich und antworte gleich selber: »Weil ich eben nicht vor allen Leuten rumknutschen muss! Die aufdringliche Zurschaustellung von Lust kann ich nicht leiden.«

»Da waren doch nur du und ich und ein paar Tannen«, sagt er.

»Es hätte aber jemand vorbeispazieren können, dem das peinlich gewesen wäre.«

Schneider lacht: »Jemand? Dieser Jemand war schon dort. Nämlich du!«

Hat was! Ich lache, schnappe mir die Sofadecke, werfe sie über mich, es wird dunkel, und ich fühle mich wie damals bei unserem Stelldichein. »Wenn du magst«, schnurre ich, »dann komm doch zu mir. In den Wald.«

125

Gefällt mir!

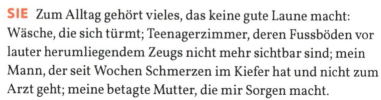

SIE Zum Alltag gehört vieles, das keine gute Laune macht: Wäsche, die sich türmt; Teenagerzimmer, deren Fussböden vor lauter herumliegendem Zeugs nicht mehr sichtbar sind; mein Mann, der seit Wochen Schmerzen im Kiefer hat und nicht zum Arzt geht; meine betagte Mutter, die mir Sorgen macht.

Ich sage darum beim Essen zu meiner Familie: »Wisst ihr was? Heute will ich ganz speziell mit euch reden.«

Die Mädchen gucken kurz auf: »Ja, Mama, wir staubsaugen nachher.«

Ich schüttle den Kopf: »Nein. Ich will über Dinge sprechen, die wir aneinander mögen.« Gespanntes Schweigen. »Was gefällt euch an mir?«, frage ich in die Runde.

Schneider stellt den Mangoldgratin auf den Tisch und sagt nichts. Seltsam. Fällt ihm nichts ein? Also lege ich mal los: »Mir gefällt an uns allen, dass wir so viel lachen können. Oder dass du«, ich schaue zu Schneider, »ein toller Vater bist.«

Unsere Teenager kreischen: »Wie kannst denn *du* das beurteilen!« Um dann zu rufen: »Doch, doch, er ist ein toller Papa!«

Schneider erwacht: »Mir gefällt«, er guckt nun mich an, »dass du so originell bist.«

Originell? Wie soll ich das jetzt verstehen?

ER Schreibers Idee der schönen Sätze gefällt mir. Kaum hat sie diesen Vorschlag gemacht, purzeln die Gedanken in meinen Kopf und lösen eine Kaskade von Adjektiven aus, die passend sind, denn meine Familie ist lustig, geistreich, herzlich, selbstironisch, einfühlsam, laut, zuweilen etwas zu sehr weiblich …

Ich weiss gar nicht, wo ich anfangen soll. So missrät der Anfang: »Du kochst lecker«, sage ich zu Schreiber. Alle blicken enttäuscht. Zum Glück übernimmt sofort die Ältere: »An euch ist toll, dass ich immer alles sagen kann. Dass ich dich, Mama, immer anrufen kann, egal, wann. Dass du, Papa, dich für mein Leben interessierst. Und dass du, Ida, mich so oft zum Lachen bringst.« Ihre Schwester schliesst an: »Papa, du motivierst mich total gut, wenn ich Angst vor Matheprüfungen habe. Alma, mir gefällt, wie du mit mir lernst und mit mir Ausflüge unternimmst.«

Wie die schlagfertig sind, denke ich, und wie ich meine drei Lieblingsfrauen von uns allen schwärmen höre, formen sich die richtigen Worte nun auch in meinem Kopf: »Ich liebe euch, weil ihr alle so wunderbar gut seid.« Weiter komme ich nicht, denn ich werde in ein Familiensandwich genommen, in dem ich dahinschmelze wie Scheiblettenkäse.

Einander schöne Dinge sagen macht das Leben – einfach nur schöner.

127

Spuren im Sand

SIE Wir lieben die Nachsaison am Strand von Caorle: erschöpfte Stille, leere Liegestühle, vergessene Sandeimer. Es ist, als wäre in der salzigen Luft das Echo des Sommers zu hören.

Ich seufze. Wir spazieren eine halbe Stunde entlang des Ufers bis zur Lagune, die das Meer mit dem Hinterland verbindet. Wir heben Muscheln auf. Wir schweigen. Wir erinnern uns. Wenn wir mal so richtig steinalt sind, will ich hier viel Zeit verbringen und an früher denken.

Ich blicke mich um und sehe weit hinter uns unsere fast erwachsenen Töchter, wie sie in die Wellen rennen. Wie damals, als sie klein waren und ich panisch hinter ihnen herrennend Ersatzbadekleider organisierte, ihnen Sand aus den Ohren pulte und sie permanent eincremte, während Schneider Murmelbahnen baute und sich den Rücken verbrannte.

Damals.

Schneider sagt: »Da, weisst du noch?«, und deutet zu unserer ersten Ferienwohnung an der Strandpromenade.

Ja! Alles weiss ich noch. Ich könnte weinen vor Glück. Erinnerungen tun gut. Da höre ich ein lautes Lachen. Unsere Töchter. Sie wurden von einer Welle komplett nassgeschwappt.

Neue Erinnerungen kommen, und alte gehen. Wie Muscheln, die ich ins Wasser lege und von den Wellen wegspülen lasse.

Danke, Leben.

ER Wie wohl alle Paare haben auch wir gemeinsame Sehnsuchtsorte. Caorle, 40 Kilometer vom Geburtsort meiner Mutter entfernt, ist einer davon. Immer, wenn wir hier sind, packt mich die Wehmut. Ich sehe das Früher wie Polaroids an einer Wäscheleine über dem Strand hängen: Schnappschüsse aus der Zeit, als ich ein Dreikäsehoch war, die erste Freundin hatte, Papa wurde, die kleinen Füsse unserer Kinder im Sand verbuddelte, wir mit dem Pedalo durch die Wellen torkelten, Schreiber und ich uns liebten und manchmal wegen erzieherischer Lappalien stritten.

Wir wollten es immer ganz, ganz richtig machen.

Ich glaube, wir haben es recht gut hinbekommen. Schreiber, neben mir, barfuss, zerzauste Haare, bückt sich nach Muscheln. Unser Hund jagt Wellen, unsere jetzt grossen Töchter ebenfalls. Fast schon kitschig schön. Und ich liebe es! Die Reisen als Familie werden seltener, es sind bittersüsse, sehnsuchtsvolle Tage. Vielleicht werden unsere Töchter später hier entlang schlendern und sagen: »Na, weisst du noch?«

Schreiber guckt herüber. Ich stelle mich auf die Zehenspitzen und flüstere zärtlich in ihr salzig schmeckendes Ohr: »Ich habe Lust.«

»Pizza?«

»Auf unser restliches Leben.«

129

ES IST EINE SCHWÄCHE DER MÄNNER,
FRAUEN GEGENÜBER STARK
ERSCHEINEN ZU WOLLEN.

Hildegard Knef

Kreuzbube

Partygrill

 ER Schreibers Bruder lädt zur Gartenparty nach München ein. Ein Hammerfest mit hundert Leuten, viele davon sehr cool, viele davon sehr schön, viele davon kenne ich nicht.

Ich melde mich deshalb freiwillig als Grillmeister, denn mit so einer Zange am Rost ist man jemand, hat etwas zu tun und kann die Leute mit Würsten und Witzen beglücken.

Ich richte meinen Grill in einer ruhigen Ecke ein, zünde die Kohle an, warte auf die perfekte Glut.

Beunruhigt beobachte ich, dass einige Meter von mir entfernt noch ein Grill in Betrieb geht. Konkurrenz, und erst noch voll im Mittelpunkt. Vor allem, weil da ein schlanker Mann steht: dichtes Haar, Tattoos, unverschämtes Lächeln, blitzweisse Zähne. Ich frage mich: ein Model? Kann sein, mein Schwager ist ja erfolgreicher Modefotograf. Schreiber geht auf den jungen Typen zu, plaudert, er zückt sein Smartphone, zeigt ihr Fotos, sie strahlt.

Ich glaubs nicht!

Sieht denn niemand, dass der an einem Gasgrill steht? Knopf drücken, Regler drehen, gleich wird's heiss – dass ich nicht lache, das schafft jeder Amateurgrilleur! Ich aber bin der mit der Kohle! Und jedes Kind weiss, dass wahre Männer am Feuer stehen und nicht wie ein Würstchen vor der Gasflasche!

SIE Es ist wie im Film: Traumwetter, Traumkulisse, Traumstimmung. Ich treffe alte Bekannte aus München, lerne neue Leute kennen, auch den Assistenten meines Bruders. Er steht am Anfang seiner Karriere, erzählt stolz von seinen ersten Veröffentlichungen in angesagten Modemagazinen und zeigt mir die Bilder auf seinem Handy. Damit ich sie besser sehen kann, hält er mir das Telefon vor die Nase und schiebt sich näher. Ich kann nun sein Rasierwasser riechen. Nicht schlecht, der Duft! Ich schaue mich kurz um. Wo ist eigentlich Schneider geblieben?

Ach, dort hinten beim Gartenzaun! Ich mache ihn, fast etwas versteckt, am Grill aus. Ein bisschen verloren, scheint mir, aber toll, wie er anpackt und mithilft, denn ein Grill reicht schliesslich nicht für all die Gäste.

Ich winke, Schneider winkt mit der Grillzange zurück. Wie schön! Er scheint das Fest auch richtig zu geniessen.

Der Assistent deutet nun auf weitere Fotos von schlanken Models an weissen Sandstränden. Sein Körper kommt mir dabei sehr nah. Er hat wirklich schöne Hände. Wir plaudern und lachen. Da sehe ich aus dem Augenwinkel jemanden in der Ferne winken. Schneider. Süss!

Ich schicke ihm einen Luftkuss durch den Garten zu. Er nickt – und winkt weiter. Seltsam. Er hört gar nicht mehr auf und rudert nun mit der Grillzange durch die Gegend.

Was meint der bloss?

Ich muss wohl zu ihm, verabschiede mich vom angehenden Starfotografen, schlendere durch die Menge zu Schneider. Als ich endlich bei ihm ankomme, sagt er: »Dein Fleisch holst *du* aber bei *mir*!«

Ich will hier raus!

SIE Hinter uns wird die Türe verriegelt. Wir vier sind eingesperrt, der einzige Rat, der uns mitgegeben wurde: Logik hilft
nicht. Über uns Spinnweben, Ornamente an der Decke, an den
Wänden Holzbilder, eine Kommode mit Schublade und Vor-
hangschloss, eine zweite Tür. Wir haben nur eine Stunde, um
uns aus dem muffigen Escaperoom zu befreien.

Das Spiel beginnt.

Unsere Töchter legen los. Sie beginnen, die Buchstaben einer
Pergamentrolle mit den Sternbildern in Verbindung zu bringen,
während ich spontan drei Holztafeln schräg an die Wand halte,
anders zusammenfüge und zufällig eine Sechs erkennen kann.
Könnte auch eine Neun sein. Die Mädchen kreischen und rufen:
»Hier ist die Fünf!« Richtig! Sie haben lose Punkte an der Wand
miteinander verbunden. Kurz danach entdecken sie eine spiegel-
verkehrte Sieben auf dem Boden.

Aber in welcher Reihenfolge müssen wir die Zahlen im
Schloss eingeben? Da sehen wir einen Pfeil hinter einem Vorhang, der nach unten zeigt, könnte also abwärts heissen: 9-7-5.
Klack, klack, klack, das Schloss geht auf, in der Schublade liegt
ein Schlüssel.

Wir sind total im Rausch. Ausser Schneider. Der nimmt einen
Bilderrahmen von der Wand, wendet diesen ein paarmal und
guckt dann ratlos zur Decke. Ganz klar: Er hat keinen Plan, aber
wenigstens uns.

ER Ich konnte mir unter einem Escaperoom nichts vorstellen, weder vorher noch jetzt, da ich mitten drinstehe, eingepfercht in einem fensterlosen Kämmerchen, um mich herum Schreiber und unsere Mädels, die von einer Ecke in die andere stieben und kreischend Zahlen rufen.

Keine Ahnung, nach welchem Prinzip die vorgehen.

Keine Ahnung, wie ich uns hier befreien könnte.

Ich weiss nur: Ich muss so tun, als täte ich was. Ich lupfe einen Bilderrahmen von der Wand, könnte ja sein, dass sich dahinter eine Botschaft versteckt. Nichts, nur schmutzige Mauer. Ich untersuche das Bild. Auch nichts. Das wiederhole ich mit anderen Bildern, zwischendurch starre ich an die Decke und reibe mir die Wangen. So, als ob ich nachdenken würde. Das Einzige aber, was ich denken kann, ist: Es ist heiss, es ist eng, und ich sollte mit Leuten hier sein, die noch viel doofer sind als ich, um eine bessere Figur zu machen.

Schreiber schiebt mich forsch zur Seite, stapelt hinter mir Holzbretter um, verschiebt sie völlig unsinnig, wendet sie und ruft: »Ich hab' was!«

Ich auch: die Nase voll.

Denn das Ganze hat nichts mit Verstand zu tun.

Kein Wunder, kann ich nicht mithelfen. Ich bin einfach zu wenig unlogisch.

135

Mezzo Mix

 ER Zum Verwandtenbesuch in Italien gehört auch der *mercato* in Portogruaro. Wir suchen einen Parkplatz, und als Italoschweizer sage ich mir: Lass den Kerl in dir entscheiden, der hier seine Wurzeln hat. Locker quetsche ich unser Auto in eine Lücke, die noch nie für ein Auto gedacht war.

Toll, mit meinen drei Frauen über den schönsten aller *mercati* zu schlendern. Schreiber, die Dreivierteldeutsche, ist wie immer hektisch am Organisieren, will, dass unsere Handys eingeschaltet sind, schlägt trotzdem einen Treffpunkt um halb zwölf beim schiefen Kirchturm vor und schwört uns darauf ein, die Taschen vor dem Bauch zu tragen.

Wegen der vielen Diebe.

Ja, ja. So ist sie nun mal.

Ich spaziere los, und bald umwehen mich die Düfte sämtlicher Sommerferien, als ich ein Kind war: eingelegte Oliven, fette Salami, süsser Latteriakäse. All das kaufe ich aber später, zunächst will ich meinen Marktbesuch traditionell beginnen, wie ich es von meinen Verwandten gelernt habe: winzige, frittierte Fische aus einer Papiertüte knabbern, dazu ein Glas Weisswein trinken und lautstark mit Männern quatschen, die ich nicht kenne.

136 Mein Onkel hat mir genau erklärt, an welchem Stand ich die Fischchen kaufen soll. Ich rieche sie schon. Muss nicht mal anstehen und bestelle eine sehr grosse Portion. Dann erst merke ich, was fehlt: Schreiber. Und mein Portemonnaie.

SIE Schneider ist eine Matrjoschka, eine ineinander geschachtelte Holzpuppe. Die grösste Puppe ist eine schweizerische, dann folgt eine beinahe gleich grosse. Das ist die italienische. Die kommt jeweils gleich nach dem Gotthardtunnel ans Licht. Und bläst sich dann immer mehr auf. Auch auf dem Markt in Portogruaro. Das beginnt schon auf dem Parkplatz: Schneider, in der Schweiz die Korrektheit in Person, klemmt unseren VW-Bus zwischen eine Schranke und einen Mülleimer. »Wir sind in Italien«, ruft er, zieht breitbeinig los, kein Blick zurück. Seine Botschaft: Ich gehe, und ihr könnt gucken, ob ihr mich wieder findet. Muss genetisch sein: Vor Jahren habe ich seine italienische Mutter in Luzern auf dem Herbstmarkt nach zwei Schritten verloren.

Ich schaue nach, ob mein Handy Netz hat, und als ich wieder aufblicke, ist Schneider weg. Meine Töchter auch, klar, die sind ja zu einem Viertel Italienerinnen.

Ich habe die Wahl: Ich nehme es locker, oder ich rege mich auf. Letzteres kann ich genetisch bedingt besser.

Da klingelt mein Handy. Schneider. Wo ich denn sei? Und ob ich Geld hätte? Seines liege im Auto.

Ich lächle. Ohne seine Frau ist auch ein Italiener nur ein halber Mann.

137

Nicht nichts ...

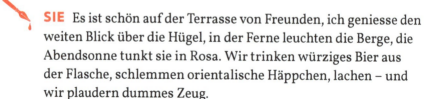

SIE Es ist schön auf der Terrasse von Freunden, ich geniesse den weiten Blick über die Hügel, in der Ferne leuchten die Berge, die Abendsonne tunkt sie in Rosa. Wir trinken würziges Bier aus der Flasche, schlemmen orientalische Häppchen, lachen – und wir plaudern dummes Zeug.

Tut das gut, einfach so herumzualbern!

Wir sind richtig in Quatschlaune, geben uns gegenseitig aufs Dach, was in dieser Runde herrlich Spass macht. »Blödeln hat viel mit Selbstironie zu tun«, sage ich und proste dem Frühlingshimmel zu. Der Gastgeber nickt, dann grinst er und sagt: »Kennt ihr den? Männer können stundenlang über ein und dasselbe Thema reden. Frauen brauchen dazu nicht mal ein Thema.«

»Das soll selbstironisch sein! Das ist eher bescheuert!«, spotte ich. Die Gastgeberin, nicht auf den Mund gefallen, kontert: »Apropos Männer. Fragt man Männer, was sie denken, und sie sagen: nichts – dann ist das tatsächlich so.«

Ich pruste vor Lachen. Wie oft habe ich das selbst erlebt, wenn ich Schneider spontan fragte, was ihm grad so durch den Kopf gehe? »Ach, nichts«, sagte er dann jeweils.

Was mir übrigens keine Sorgen bereitet.

Denn selbst wenn er eher selten denken sollte, was ich nicht glaube, das Wichtigste ist bei ihm immer vorhanden: Humor.

ER Nach dem Essen schlendern der Hausherr und ich mit je einem Bier durch den Garten. Ich frage ihn: »Was denkst *du* denn, wenn du sagst, du würdest nichts denken?«

Er lacht. »Vor dem Einschlafen denke ich zum Beispiel daran, wie ich mit einer Million Franken unser Haus umbauen könnte. Und du?«

»Ich lege eine Rennstrecke durch unseren Ort.«

»Für Rennautos?«

»Ja. Es können auch mal Go-Karts sein. So was wie ein kleines Monaco. Ich flagge übrigens auch Riesenslaloms aus. Oder baue Sprungschanzen, von denen ich dann selber springe.«

»Cool«, sagt der Hausherr.

»Ich weiss von einem befreundeten Physiker, dass er vor dem Schlafen im Kopf einen Lift zum Mond plant. Ein anderer hat mir erzählt, dass er auf der Bühne als Schlagzeuger von AC/DC trommelt.«

»Ich war auch schon Gitarrist bei denen«, sagt der Hausherr.

Ich gönne mir einen Schluck. »Wenn mich Schreiber in so einem Moment fragt, was ich denken würde, soll ich dann sagen, ich plante grad eine Boxengasse auf der Hauptstrasse oder spränge von der Schanze? Nein, da sage ich logischerweise: ‹Nichts!›.«

Der Hausherr nickt. »Klar.«

»Denn sonst«, sage ich, »da bin ich sicher, würde sie sich grosse Sorgen um mich machen.«

139

(Sch)eis(s)kalt!

SIE Wir schweben im herbstlichen Morgenlicht mit der Gondel auf den Berg, unter uns in den Felsen Gämsen, bereits leicht flauschig im Winterpelz. In der Seilbahnkabine drängen sich Ausflügler, alle mit Windjacke und Pullover, einige mit Mützen. Schneider steht neben mir in T-Shirt und Bermudas.

»Schon blöd, dass du deine Jacke vergessen hast«, sage ich.

»Ich habe sie nicht vergessen.«

Ich sage: »Mein Vater meinte immer: Nie ohne Jacke in die Berge.«

»Dein Vater wäre auch nicht mit der Bahn raufgefahren, sondern hochgewandert.«

Stimmt. Die Schiebetüren öffnen sich, eisiger Wind pfeift um das Berghaus. Ich zurre den Reissverschluss hoch bis unters Kinn, und Schneider spurtet los. Die Sonne strahlt, aber sie wärmt nicht auf knapp 2300 Metern. Ich ziehe mein Stirnband über. Dann drehe ich in der Eiseskälte eine Runde. Mein Gott, ist dieser Blick schön! Die Welt zu meinen Füssen! Fantastisch! Glasklar! Doch wo ist Schneider? Ich will mein Glück mit ihm teilen, aber der steht fünfzig Meter weiter unten bei den Wanderwegweisern und hüpft von einem Bein aufs andere. Er weist vehement hinunter ins Tal. Ins Tal? Wer will bei dieser Rundsicht jetzt schon ins Tal?

Ich jedenfalls nicht. Ausserdem müsste ich mich dann erst einmal umziehen, denn beim Wandern komme ich rasch ins Schwitzen. Ich winke Schneider zu und schenke ihm ein Lächeln. Ein eiskaltes.

ER Was macht Schreiber bloss dort oben? Ich bin hier, um zu wandern, und nicht, um angewurzelt auf einer windumtosten Bergkuppe zu stehen. Sie knipst rundum die Berge ab, dann fängt sie an, Selfies zu schiessen.

Meine Arme sehen aus wie gerupfte Hühnerschenkel. Klar ist das Panorama hier oben prächtig, das wollte ich ihr ja auch zeigen – aber irgendwann hat man es gesehen, und es wird auch nicht besser, wenn man noch länger hinschaut. Wir wollten doch wandern!

Ich reibe mit den Händen meine Oberarme und, als niemand herschaut, auch Waden und Oberschenkel. Scheisskalt ist es hier oben. Darum will ich runter. Wacker marschieren, das Toggenburg vor Augen, dann rauscht das Blut durch den Körper, und man kriegt warm. So ist das immer, und darum umhülle ich mich auch nicht mit vier bis fünf Textilschichten wie Schreiber, denn die muss ja doch wieder alles ausziehen, sobald sie unterwegs ist.

»Lass uns wandern«, schreie ich in den Wind.

Sie winkt fröhlich. Und macht keinen Wank.

Ich weiss jetzt schon, was sie in einer Stunde sagen wird, wenn ich längst zur Eisskulptur geworden bin: »Super, dass du niemals kalt hast. Trotzdem darfst du eine von meinen Jacken haben.«

141

Bodenhaltung

 ER Habe mich überrumpeln lassen und sitze nun mit meinen drei Frauen an einem sandigen Flussufer.

Auf einer Decke.

Am Boden.

Picknick.

Schreiber stammt aus einer Familie, die beim ersten Sonnenstrahl Körbe füllt und im Freien an ungemütlichen Orten isst. Das ist ihr Münchner Biergarten-Gen. Wir sitzen aber auf keinem Biergartenstuhl, sondern im Kies.

Meine drei Frauen zwitschern und raunen mir zu: »Machs dir gemütlich, wir decken den Tisch, die Decke, ach, daher kommt das Wort ‹Tisch decken› …« Sie kichern wundersam und packen Futter aus ihren Fahrradkörben.

Wie befohlen, mache ich es mir gemütlich, strecke meine Beine aus, worauf Schreiber meint: »Platz da! Hier kommt Kartoffelsalat.«

Ich winkle meine Beine ab, was wehtut. »Mach doch den Schneidersitz«, ruft meine ältere Tochter und amüsiert sich über ihr Wortspiel.

Ich wechsle von der einen auf die andere Pobacke, als Schreiber trällert: »Rutsch ein bisschen rüber für die Melone!«

Da die Decke offenbar nur für Grünzeug und keinen Mann gemacht ist, stehe ich auf und werfe Steine in den Fluss.

Picknicken ist für meine drei Frauen ultimatives Sommerglück.

Ich frage mich nur, warum man dazu keine Stühle nimmt?

SIE Was sind wir glücklich! Ein lauer Abend am Fluss auf einer grossen Decke. Die Mädels haben Köstliches vorbereitet, Salate, Ciabatta, kalter Crumble. Ein echtes Picknick de luxe, inklusive unseres widerspenstigen Anti-Picknickers: Schneider mag keine kulinarischen Gelage in der Natur, er erklärt, dass am Boden essen suboptimal sei. »Ich bin mehr damit beschäftigt, eine bequeme Position zu finden, als zu kauen oder zu geniessen«, sagt er.

Etwas steif, der Gute.

Dabei gehören doch Verrenkungen und Stretching zum Erlebnis. Man reckt sich nach der Gurkenkaltschale und kriegt einen Krampf im Bein, man rollt über den Nachbarn zum Prosecco, man tunkt im Dip und kullert in die gefüllten Weinblätter. Um etwas für die Allgemeinbildung beizusteuern, sage ich: »Wusstet ihr, dass Picknick eigentlich ‹kleine Sachen aufpicken› heisst?«

Schneider grinst leidend.

Kurz bevor er einen brutalen Hexenschuss vortäuscht und weiterjammert, zücke ich aus meinem Velokorb meinen Trumpf. Ein klappbarer Dreibein-Hocker in British Green für Schneider. »Damit du das Picknick auch geniessen kannst!« Er strahlt und setzt sich drauf: »Die reinste Freude«, sagt er, greift nach seinem Glas, wackelt dabei kräftig, kämpft mit der Balance und kippt auf die Decke neben den Couscous.

143

Egal, wo er sitzt: Picknick bringt Schneider immer auf den Boden.

Der Wahnsinn!

 ER Wir belegen weit oben die blauen Schalensitze, weit unten auf dem Rasen winken uns 22 Männer zu. Es ist das erste Mal, dass ich mit Schreiber und unseren Töchtern ein richtiges Fussballspiel in einem richtigen Stadion schaue. Hatte ich mir schon lange gewünscht. Und ich lasse mich nicht lumpen: Wir verfolgen den Match in der VIP-Lounge des St.-Jakob-Parks.

»Und welches sind nun die Basler schon wieder?«, fragt Schreiber.

»Rotblau.«

»Wahnsinn!«

»Was findest du daran wahnsinnig?«

»Alles. Und diese Leute da in Schwarz? Die so viel Getöse machen?«

»Das ist die Muttenzerkurve.«

»Kurve?«

»Fans.«

»Wahnsinn! Ich bin ja so aufgeregt!«

Ihre Aufregung legt sich auch nach dem Anpfiff nicht, im Gegenteil: Schreiber klatscht unsinnig bei jedem Ballwechsel, johlt begeistert »Bravooo«, und schliesslich klaubt sie in ihrer Handtasche nach – ich fass es nicht – einem Fernglas! Sie hält sich das wuchtige Ding vor die Augen und kreischt: »Wahnsinn! Diese Frisur bei der rotblauen Zwölf muss mit Zweikomponenten-Kleber gemacht sein. Bei dem wackelt kein Haar. Guck mal!« Sie reicht mir das Fernglas, und ich konstatiere ernüchtert: Es ist echt der Wahnsinn, Schreiber an ein Fussballspiel mitzunehmen.

144

SIE Endlich haben wir Gelegenheit, die Plastiksemmel mal von innen zu sehen. So nenne ich das St.-Jakob-Stadion, wenn wir jeweils vorbeifahren.

Ich bin ganz hibbelig. Schneider erklärt mir, wer die Spieler sind, und ich frage, warum einer die Nummer 33 trägt, es spielen doch nur elf Männer in einem Team. Dann entdecke ich einen mit einer höchst schnittigen Frisur. Sozusagen ein Steilpass am Scheitel. Um ihn besser sehen zu können, zücke ich aus meiner Handtasche unser Safari-Fernglas. Mit dem haben wir schon Erdmännchen und Warzenschweine in Afrika beobachtet. Unsere Töchter blicken mich schräg an: »Mama, das ist nicht dein Ernst!« Schneider schüttelt den Kopf.

Ich gucke angestrengt zu, aber bald langweile ich mich. »Wann ist Pause?«, frage ich leise.

»Nach der ersten Halbzeit«, grinst Schneider.

Witzbold, denke ich. »Ich muss dringend mal«, sage ich, stehe auf und gehe in die Lounge.

Dort gibt's viel Süsses und in jeder Ecke einen Bildschirm, auf dem das Spiel gezeigt wird. »Der Wahnsinn!«, sage ich eine Viertelstunde später, als ich Schneider am Dessertbuffet treffe. »Ich schaue mir den Rest vom Spiel hier drinnen an. Wenn du willst, kannst du mein Fernglas haben.«

»Marron und Kupfer.«

Frauenkleeblatt

 ER Unsere Jüngere feiert Geburtstag. Auf dem Tisch Geschenke, Blumen, eine Rüeblitorte und viele Kerzen. Ich fasse es kaum, wie schnell die Zeit vergeht und wir uns alle verändern. Während ich versunken den Kerzen zusehe, wie sie Richtung Kuchenguss abbrennen, höre ich den ersten Juchzer. Ida hält drei Tütchen in der Hand und freut sich: »Wow. Eine Dreifachmaske. Cleaning. Hydrating. Relaxing.« Ida strahlt, Gekreische am Tisch, und Schreiber sagt lächelnd: »Gell, du weisst, alle Geschenke sind wie immer auch vom Papa.« Ja. So machen wir das: Schreiber kümmert sich um alles, und ich bin stiller Teilhaber am Geschenkeberg, der aus mir unbekannten Dingen besteht.

Dann der nächste Juchzer: »OHMYGOD!«

Unsere Tochter hält ein Schminkset im Format einer Langspielplatte in den Händen. Kleine Rechtecke in allerlei Farben. »Mauve«, werde ich belehrt, »Marron und Kupfer. Papa, das sind super Farben, wenn man blaue Augen hat. So wie du.«

Ich lächle ratlos, da klatscht unser Geburtstagskind, das kein Kind mehr, sondern längst eine modische junge Frau ist, in die Hände: »Ich möchte dich so gern mal schminken.«

Mich?

Schreiber grinst: »Tolles Geschenk! Du müsstest dich nicht einmal einpacken.«

SIE Schneider käme nie auf die Idee, unseren Töchtern eine Wimpernzange oder eine Heilmaske zu schenken. Von daher begrüsse ich in diesem spezifischen Feld unsere klare Rollenteilung, er wäre nur überfordert. Wobei mir sein strenger Blick nicht entging, als er bei den Vorbereitungen sah, wie viele Kinkerlitzchen Alma und ich für Idas Geburtstag auf den Tisch türmten. Egal. Ich weiss, was Mädels mögen.

Eine gigantische Farbpalette ist der Höhepunkt. Wir drei Frauen machen »Ah« und »Oh«, tupfen mit den Fingerspitzen vorsichtig Farbtöne auf unsere Handrücken, staunen, wie funkelnd das Gold schimmert, wie satt der Auberginen-Ton ist. Topqualität, befinden wir, die sofort angewendet werden muss.

Ida erkürt Schneider, um die Farben flächig zu testen, und unsere Begeisterung ist riesig, als er nach längerer Bedenkzeit zustimmt. Blitzschnell ist das Schminkstudio eingerichtet, unsere Töchter schwingen die Pinsel. Nach einer Weile halten sie Schneider den Spiegel vor. Er johlt mit schriller Kopfstimme: »OHMYGOD!«

Es verbindet sehr, den Papa zu schminken – denn nun sind wir *vier* Frauen in der Familie. Wir kichern und kreischen. Und wer am lautesten von allen? Betty Blue Eye – alias Schneider!

147

Signalrot

 ER Die Dame vor mir sieht spektakulär aus, Typ Dragqueen, ausserordentlich betont geschminkt, riesiger Mund, riesige Nase, kräftige Wangenknochen, grosse Augen. Mann, die hat Haare auf den Zähnen!

Ich rubble mit dem nassen Waschlappen wie ein Irrer in meinem Gesicht herum.

Die Dame im Spiegel sieht nun aus, als wäre sie im Vollspurt in eine Wand geknallt: rotblauschwarze Blutergüsse.

Ich spüle den Waschlappen aus, rubble ein zweites Mal, drittes Mal, dann rufe ich nach Schreiber. Sie kommt und lacht schallend. »Toll, was die Mädels geschaffen haben!«

»Das nützt mir jetzt nichts. Wie kriege ich dieses Zeug aus meinem Gesicht?«

Sie sagt: »Nicht schrubben, du reibst dann alles nur noch tiefer in die Poren.« Sie reicht mir ein rundes Stoffteil. »Mit dem Pad geht's besser. Am besten in kleinen Kreisen.«

»Das nützt?«

»Nur das!«, antwortet sie. Ich schleife damit meine Backen und siehe da: Schemenhaft erscheint wieder mein Originalgesicht.

Die Dame vor mir wandelt sich langsam zum Mann. Bloss eine Zone verändert sich nicht, soviel ich auch kreise: Eine rote Umrandung von viel zu viel Lippenstift rund um den Mund. Sieht aus, als hätte ich lustvoll Tomatenspaghetti ohne Besteck gegessen.

SIE Schneider hat wirklich null Erfahrung in Sachen Make-up-Tragen und noch viel weniger in Sachen Abschminken. Er hat sich die Farbe nämlich porentief reingerieben. Zur Röte im Gesicht gesellen sich nun noch hektische Flecken am Hals. »Als hätte ich Gürtelrose! So kann ich mich doch nicht an der Sitzung zeigen«, jault er und reibt weiter. In der Tat: Für seinen Termin in zwei Stunden sehe auch ich rot.

Ich muss Opfer bringen und reiche ihm meine beste Hautcreme. Er hat keine Vorstellung, was die gekostet hat. Als er seine Zeigefinger tief in den Topf steckt und sich die kostbare Beruhigungspaste dick ins Gesicht schmiert, murmle ich: »Von der reicht ein kleiner Tupfer.« Schneider aber verteilt die Creme flächig mit beiden Händen, er glänzt, um den Mund herum leuchtet er weiterhin wundrot. Wie ein Pavian am Wertesten.

Er jammert: »Ich muss den Termin abblasen. Ich kann mich doch nicht so zeigen!«

Stimmt. Doch Abblasen muss nicht sein, denn ich habe eine Idee: Ich trete in den Gang und rufe unseren Töchtern zu: »Ihr müsst nochmal bei Papa ran, diesmal mit Foundation und Puder!«

Da höre ich das Schloss klicken.

Schneider hat sich im Bad eingesperrt.

149

VERBRINGE DIE ZEIT NICHT MIT
DER SUCHE NACH EINEM HINDERNIS,
VIELLEICHT IST KEINES DA.

Franz Kafka

Auslotungen

»Liebster, vermisst du mich schon?«

Falscher Anruf

 ER Ich schreibe ein Buch, und dafür melde ich mich einige Tage von zu Hause ab, fahre in die Berge und versinke dort, umgeben von totaler Ruhe und Einsamkeit, in meinem Projekt.

Das bewährt sich. Auch Schreiber fährt für Schreibzeit weg, es erlaubt konzentrierteres und effizienteres Arbeiten. Und ich kann meinen Macken frönen. Zum Beispiel nennt mich Schreiber eine Popcorn-Maschine, was nicht nur als Kompliment gemeint ist. Denn bei mir ploppen die Ideen nur so, und ich bin dann für andere wohl eine Zumutung, weil ich jede dieser Ideen, auch die schlechten, unbedingt mitteilen will. Jetzt erzähle ich sie mir selber.

Deshalb ist eine räumliche Trennung für alle gut. Schreiber muss sich nicht nerven und verbringt ganz allein innige Zeit mit unseren Töchtern. Abgesehen davon steigt die Freude aufeinander mit jedem Tag der Trennung stärker an. In diese schönen Gedanken versunken, greife ich nach dem Handy, um mit meinem Verleger einige Details zu besprechen. Ich wähle auf der Anrufliste seinen Namen, es tutet, ich lege Stift und Papier zurecht, um mir Notizen zu machen, und schon hebt er ab: »Liebster! Vermisst du mich schon?«

Hoppla, das ist ja gar nicht mein Verleger.

SIE »Du? Wieso du?«, höre ich Schneider durchs Telefon.

Ich stelle klar: »Du hast mich angerufen, also hebe auch ich ab. Was gibt's? Sehnsucht?«

Schneider stottert: »Äh, also, nein, ich wollte dich gar nicht anrufen.«

»Hast du aber.«

»Aus Versehen.«

Mein Mann ruft mich »aus Versehen« an, und ihm fällt nichts Besseres ein, als mir das auch noch unter die Nase zu reiben?

»Ich wollte André erreichen, nicht dich«, erklärt er. Kann ja sein. Aber sagen könnte er etwas anderes. Etwa: »Liebste, klar habe ich Sehnsucht, ich vermisse dich ganz fest.« Das wäre es und nicht: »*Wieso du!?*«

»Bist du noch dran?«, fragt Schneider. Ich sage möglichst locker: »Ja, klar, aber ich will dich nicht länger aufhalten, damit du denjenigen anrufen kannst, den du wirklich wolltest. Tschüss!« Etwas ernüchtert drücke ich den Anruf weg. Schade, dass mein Mann nicht spontan eine charmante Liebesschwindelei durch den Hörer hauchen kann. Wäre doch keine Sache! Da klingelt es schon wieder. Schneider. Seine zweite Chance. Ich hauche: »Liebster?«

Schneider, perplex: »Oh nein, schon wieder! Hab' daneben gedrückt, Mist! Mein Handy macht, was es will.«

Und ich denke nur: Mist, schon wieder der falsche Text.

153

Blauplan

SIE Ich will mir die Zähne putzen, geht aber nicht, denn meine Bürste ist weg. Verflixt: Wir sind zu viert, haben auf beiden Etagen ein Bad und zwei komplette Zahnputzstationen mit je vier Zahnbürsten, macht insgesamt acht, alle weiss, aber mit farbigen Punkten markiert.

Schneider läuft mir über den Weg, ich frag ihn: »Hast du meine Zahnbürste gesehen?«

»Farbe?«

»Rot. Seit eh und je!«

»Ich hab' Blau.«

»Unten und oben? Oder nur unten?«, will ich wissen.

»Wie unten?«

»Unten im Bad.«

»Ich habe immer Blau, überall«, sagt er.

»Aber manchmal gehst du beim Putzen mit der Bürste im Mund durchs Haus. Deshalb sind hier unten auch nur noch zwei, und keine davon ist rot.«

»Du meinst, jemand stiehlt bei uns Zahnbürsten?«, er grinst.

»Natürlich nicht, sondern du und die Mädels, ihr putzt irgendwo die Zähne und schaut nicht mal, mit welcher Zahnbürste!«

»Ich spaziere doch nicht mit fremden Bürsten durchs Haus«, sagt er ruhig.

Alles wäre so einfach, würde sich meine Familie an mein Farbkonzept halten. Vielleicht sollte ich die Dinger noch viel deutlicher markieren? Mit wasserfestem Filzstift? Stickern? Nagellack? Schneider fährt fort: »Du kannst ruhig meine blaue nehmen. Macht mir nichts aus, wir sind ja Familie.«

ER Schreiber hält mir sieben Bürsten unter die Nase. Davon sind drei blau markiert, zwei rot, die andern einmal gelb und einmal grün.

»Ah, du hast also deine Zahnbürsten gefunden«, stelle ich fest.

»Ja. Eine fehlt noch, und dafür sind da drei blaue. Warum?«, fragt sie mit bedrohlich rollendem »r«.

»Du kaufst die Zahnbürsten«, verteidige ich mich.

»Ja, zum Glück, denn sonst würdet ihr sie überhaupt nie wechseln und mit uralten Bürsten putzen.«

»Tu ich das nicht?«

»Merkst du gar nicht, dass ich alle zwei Monate die Dinger ersetze?«

»Ich hab' mich schon gewundert, dass die so lange halten.«

Schreiber schüttelt sich: »Das werden widerliche Bakterienbrutstätten. Und dann bringt ihr auch noch mein Konzept durcheinander.«

»Dein Konzept? Kennen wir das?«

»Ich habe es schon endlos oft erklärt!«

»War ich da immer dabei?«

»Körperlich warst du anwesend, ja.«

»Vielleicht«, sage ich, »vielleicht sollten wir das Bürstenmodell wechseln. Keine weissen mehr mit farbigem Punkt, sondern vollfarbige.«

»Was auch nichts nützen würde, wenn ihr euch nicht an die Farben haltet!«

»Ich glaube, dann musst du das eben einfach besser kommunizieren«, sage ich.

»Und du besser zuhören!«

»Tu ich doch! Ich habe Blau.«

155

Kein Anschluss

 SIE Ich werkle draussen auf dem Vorplatz an der frischen Samstagmorgensonne. Ich liebe es, auszumisten, Krempel loszuwerden, Raum für den Frühling zu schaffen. Da höre ich unser Telefon. Es klingelt durch die offene Haustüre heraus zu mir.

Schneider arbeitet am Schreibtisch, sitzt also direkt neben dem Festanschluss. Es klingelt erneut. Ich weiss, dass im oberen Stock, wo unser zweites Telefon stationiert ist, unsere Töchter in ihren Zimmern lümmeln.

Es klingelt weiter.

Wieso hebt niemand ab? Alle schwerhörig? Oder Stöpselmusik in den Ohren?

Es tütüüütet immer noch.

Ich lehne mich ins Haus und brülle: »Telefon! Geht mal jemand dran?«

»Unbekannter Teilnehmer!«, ruft Schneider zurück.

»Na, und?«

Es klingelt weiter.

»Ich schreib grad was sehr Wichtiges«, sagt er.

»Und ich räum grad hier draussen auf, falls du das nicht bemerkt hast.«

Es klingelt und bimmelt unerhört.

Die Mädels brüllen von oben herunter: »Papa sitzt doch am Telefon. Er soll ran.«

Mir reichts! Ich hechte ins Haus, stürze ans Telefon, Schneider geht in Deckung. Am anderen Ende der Leitung eine Stimme, die fragt, ob ich zufrieden sei mit unserer Krankenkasse.

»Krankenkasse?«

Auf Schneiders Gesicht sehe ich ein Grinsen, ein zufriedenes.

ER Hier im Haus wissen alle, dass ich nicht gerne telefoniere. Das liegt mir nicht. Es stört. Ausser, wenn es beruflich ist, aber heute ist Samstag, da werde ich nicht gesucht. Warum soll also ich abheben? Bloss, weil ich direkt neben dem Telefon sitze?

Ich gucke rasch auf das Display, denn es ist nicht so, dass ich unter keinen Umständen abhebe. Ruft Schreiber an, gehe ich immer dran. Also fast immer.

Schreiber trompetet von draussen ins Haus. Sie will immer wissen, wer dran ist, und vermutet, dass es etwas Wichtiges sein könnte. Das denke ich nie. Anrufe krachen ungefragt ins Leben, zerstören stille Augenblicke, platzen in Gedankenspiele.

Ich arbeite also weiter, sortiere die Buchhaltung, etwas unkonzentriert freilich, denn es klingelt ohne Ende, Schreiber brüllt weiter, jetzt brüllen auch noch die Mädchen, und ich bin sauer auf den Anrufer, denn er macht aus unserem Haus null Komma plötzlich ein Tollhaus. Mit so jemandem will ich erst recht nicht reden!

Muss ich auch nicht. Plötzlich steht Schreiber neben mir in Werkelmontur und Stiefeln und wirft mir einen vernichtenden Blick zu.

Ich höre durch die Muschel, wer dran ist und muss grinsen. Sag ich doch: Anrufer sind Störenfriede.

157

Innere Kämpfe

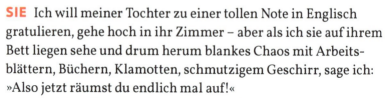

SIE Ich will meiner Tochter zu einer tollen Note in Englisch gratulieren, gehe hoch in ihr Zimmer – aber als ich sie auf ihrem Bett liegen sehe und drum herum blankes Chaos mit Arbeitsblättern, Büchern, Klamotten, schmutzigem Geschirr, sage ich: »Also jetzt räumst du endlich mal auf!«

Der schöne Moment, den ich im Sinn hatte: verflogen. Meine Tochter ist sauer, und mein hinterhergeschobenes Kompliment für die gute Note nur noch schal.

Ich ärgere mich. Wieso kann ich nicht einfach mal nur loben? Ich gehe in die Küche, um mir ein Stück Schokolade zu holen.

»Alles in Ordnung?«, fragt Schneider.

»Ich bin eine Meckertante.«

»Weiss' ich doch«, sagt er und grinst.

»Na super, ich dachte, du würdest mir widersprechen!«

»Da bin ich mal deiner Meinung … Aber bitte, dann bist du eben keine Meckertante«, ruft er fröhlich.

Nützt nichts, ich bin von mir enttäuscht, nerve mich über mein Verhalten. Warum kann ich kein Lob einfach als Lob stehen lassen? Immer muss noch eine Kritik mit ins Boot.

»He, nimm doch nicht alles so schwer!«, höre ich Schneider. Versuch' ich ja, aber ich kann nicht antworten und verziehe mich in unser Zimmer. Jetzt einfach allein sein, mich vom Strudel auf den Grund ziehen lassen, nachdenken, zweifeln, dann hoffentlich wieder Mut fassen, etwas daraus lernen, mit den Beinen abstossen und wieder zurück an die Oberfläche in den Alltag.

Nächstes Mal klappt es!

ER Manchmal bricht die Dunkelheit krachend herein: Als Schreiber vor einigen Minuten nach oben ging, war sie gut gelaunt, als sie zurückkehrte, war alles anders. Vermutlich habe ich dann was Falsches gesagt, jedenfalls verzog sie sich gleich in unser Schlafzimmer.

Ich gehe zu ihr. »Was ist los?«

»Ich mache alles falsch.«

Stimmt nicht, aber immerhin bin diesmal nicht ich der Auslöser.

»Ich wollte Ida loben, stattdessen kritisiere ich sie. Manchmal halte ich mich selbst nicht aus!«

Ich tröste sie: »Unsere Töchter sind deine grössten Fans, das weisst du, obschon du nicht perfekt bist. Vielleicht gerade deswegen.«

Sie schnieft: »Warum kann ich nicht einfach mal locker sein?«

»Weil du viel Verantwortung trägst. Du schmeisst den Laden hier.«

Sie lächelt: »Echt, findest du?«

Ich nicke und finde, sie könnte jetzt sagen, dass auch ich einen Teil vom Karren ziehe.

Tut sie: »Ganz ehrlich, ich kann das nur, weil du mich stützt und mich aufbaust, wenn ich abtauche. Wir sind ein Team. Ein echt gutes Team.«

Ich nehme sie in den Arm, da hören wir im Zimmer unserer Tochter den Staubsauger starten.

Schreiber lauscht, dann strahlt sie mich an, als hätte sie ganz viel Schokolade geschenkt bekommen.

159

Unempfänglich

SIE Spannend, wenn ein mittelalterlicher Mann Neuland betritt. Seit Schneider sich von seinem Uralt-Telefönchen verabschiedet und sich ein gigantisches Smartphone zugetan hat, überrascht er mich stets aufs Neue. Gewisse Dinge ändern jedoch nicht: So fällt ihm auch das neue Smartphone oft runter. Trotz Panzerglas-Aufsatz und Hartgummi-Ummantelung hat das Display seit der ersten Woche einen Sprung. Aber er telefoniert häufiger und gibt sich Mühe, seine Whatsapp-Nachrichten mit originellen Emojis zu verzieren.

Rührend.

Doch Schneider wirft auch Prinzipen über Bord, wie ich grad feststelle: Wir werkeln im Garten, und ich würde gerne mit ihm plaudern. Geht aber nicht, denn in seinen Ohren stecken Stöpsel. Wie oft hat er über Leute den Kopf geschüttelt, die mit Kopfhörern durchs Leben straucheln: »Die sind immer irgendwo anders, aber nie im Hier und Jetzt.« Wer weiss, wo er sich gerade befindet, als er mit der Schubkarre an mir vorbeikeucht? Er hört kein Vogelgezwitscher, keine Kirchenglocken, keinen Kies knirschen. Ich nutze die Gelegenheit und rufe: »Echt albern, wie du hier mit Stöpsel im Ohr fuhrwerkst!«

Und was macht Schneider? Er strahlt mich freundlich an und nickt.

ER Wir haben eine grosse Feuerstelle im Garten und deshalb auch ein Holzdepot. Und zwar im Unterstand. Aber da wir uns letzten Sommer zwei SUPs gekauft haben, die dort deutlich cooler aussehen als Holzscheite, muss ich das Holz umlagern. Ich transportiere die Scheite zwischen dem alten und dem neuen Holzdepot mit der Karette, was grossen Spass macht, denn ich tu das nicht allein, sondern gemeinsam mit Jim Morrison von den *Doors*. Er singt mir *Common Baby, light my fire* ins Ohr. Als ob er wüsste, dass ich bestes Feuerholz transportiere. Etwas später bittet er um Auskunft: *Show me the way to the next Whiskey Bar*, und ich muss lachen, weil ich grad an Schreiber vorbeigehe mit voller Schubkarre und sie so komisch in meine Richtung schaut. Es beschwingt mich total, den Morgen mit grossartiger Musik im Ohr im Garten zu verbringen.

Leider glaubt Schreiber, dass ich gleichzeitig ihr und Jim Morrison zuhören könne, denn sie redet jedes Mal mit mir, wenn ich an ihr vorbeigehe. Sieht sie denn nicht, dass ich in meiner eigenen Welt bin?

Und sollte es etwas wirklich Wichtiges sein, das sie mir mitteilen will, kann sie mich ja anrufen.

161

»Da schaugst!«

Heimatland!

SIE Ist es nicht so? Dass man die Heimat erst richtig lieben lernt, wenn Fremde davon schwärmen?

Seit ich mit Schneider zusammen bin, erlebe ich München immer wieder neu. Seine Begeisterung für den bayerischen Lebensstil steckt an. Wir sind öfter dort und aus aktuellem Anlass auch am Oktoberfest. Als Original. Zumindest ich. Als ich noch in München lebte, hätte ich nie, nie, nie ein Dirndl angezogen. Doch das war früher. Jetzt hilft mir Schneider dabei, die Schürze mit der Schleife zu binden. Wie war das nochmals? Schleife rechts für die Verheirateten, die Singles tragen sie links. Oder so. Keine Ahnung. Sie hält eh nicht, die Schleife.

»Trachten sind in Bayern übrigens unpolitisch«, sage ich zu Schneider, der Gilet und weisses Hemd trägt und also eher nostalgisch, aber sicher *ned boarisch ausschaugt*.

»Soll ich mir Lederhosen kaufen?«, fragt er.

»Nix da! Du bist von uns beiden der Tourist, und das soll man ruhig sehen. *Host mi?*«

Er kontert: »Du hast Bayern überhaupt erst dank mir lieben gelernt.«

»Aber es reicht, wenn einer von uns beiden bayrisch tut. Nämlich ich.«

»Oiso, pack mas!«, biedert sich Schneider in bestem Bayerisch an. Er will sich die Lederhose wohl unbedingt verdienen!

ER Erstaunlich: Die sonst eher strenge Schreiber stemmt an der Wiesn Bierkrüge, schunkelt, nimmt Magenbrot, Semmelknödel und Zuckerwatte in loser Folge zu sich, kreischt hysterisch auf der Kleinkinderachterbahn »Wilde Maus« und betet lautstark im Motodrom, wo grossflächig tätowierte Hammertypen mit Uralt-Motorrädern einer senkrechten Wand entlang brettern.

Diese Sinnlichkeit, diese Opulenz, diese Genusskunst: Darum liebe ich Bayern und ganz besonders meine Münchnerin, die jetzt, nach einigen Stunden Wiesn, freilich nicht mehr besonders gut ausschaut.

»Mir ist komisch«, sagt sie.

»Sollen wir heim?«

»Nein. Übelkeit gehört zum Vergnügen!« Sie fächelt sich Wind ins Gesicht: »Du musst noch Blumen für mich schiessen!« Schreiber schiebt mich zum Schiessstand. »Die kitschigen Stoffblumen, die will ich«, sagt sie und lehnt sich neben mich an den Stand. Ich kaufe zehn Schuss, stütze mich auf, ziele, schiesse, treffe.

Da zwickt sie mich in mein Hinterteil und sagt: »*Jetzt wui i!*«

»Aber dir ist doch schlecht!«

»Wenn schon, ich treffe trotzdem.«

Die restlichen fünf Schüsse ballert sie durch. Jeder im Ziel!

Meine Münchnerin lächelt mich keck an: »*Da schaugst! I bin hoit a Volltreffer!*«

163

Reichlich umarmen

SIE Mir sind spontane Zärtlichkeiten im Alltag wichtig. Die übrigens, so lasse ich Schneider wissen, auch sehr gesund sind. Es ist erwiesen, dass zum Beispiel regelmässig umarmte Kinder weniger anfällig für Grippeviren sind und sich besser entwickeln. Eine amerikanische Familienforscherin geht sogar so weit, zu fordern, dass man einander zwölf Mal täglich drücken sollte, damit das gesamte Familienleben besser wird.

»Dann müsste ich euch gesamthaft also 36 Mal täglich umarmen«, sagt Schneider.

Aha. Er will diese grossartige Idee mathematisch kleinrechnen. Lass ich aber nicht zu: »Es geht nicht um eine Zahl, es geht darum, die Wärme des anderen und sein Herz zu spüren.«

»Wie lange soll so eine Umarmung denn dauern?«

»Keine Ahnung, eine Minute oder so? Wir können es ja grad mal ausprobieren.«

Ich gehe auf Schneider zu. Er schaut auf seine Uhr. Dann lege ich meine Arme um seine Schultern, er grinst und sagt: »Ist das jetzt Therapie oder freiwillig?«

»Freiwillig. Und? Fühlt sich doch gut an.«

»Doch, ja, aber ich kann nicht auf meine Uhr gucken.« Und schon windet er sich frei: »Ich muss noch was erledigen.«

Schneider kapierts nicht! Na, wenigstens gibt er mir spontan einen Kuss – direkt auf meine Brille.

ER »Warum küsst du meine Brille«, fragt Schreiber.
»Wollte die Stirn treffen, ist aber zu hoch oben.«
»Und warum gibst du auf einmal Stirnküsse?«
»Die sind bestimmt auch gut für die geistige Entwicklung.«
»Quatsch!«, sagt Schreiber.
»Genau! Deshalb: Woher soll diese Amerikanerin wissen, dass
uns zwölf Umarmungen guttun? Die kennt uns doch gar nicht!«,
sage ich. »Die ist vielleicht einsam und schreibt solches Zeug,
damit sie jemand umarmt.«

Schreiber lacht: »Ist doch nichts Schlimmes.«
»Nein. Wir tun es ja eh viel, nur zähle ich nicht. Zählen ist
zwanghaft.«
»Nein, es ist eine Erinnerungshilfe.«
»Ach ja? Zehn Uhr abends, es läuft Champions League, und
du kommst im Pyjama in die Stube runter und sagst: »Gerade
gemerkt, wir sind erst bei acht, wir müssen noch vier Mal.«
»Hä?«
»Ja. Und wie lange ist dann die Pause zwischen den Umarmungen, damit sie einzeln zählen? Es wird Mitternacht, du schläfst
zu wenig, und das macht unser Familienleben auch nicht besser.«

Wieder lacht sie: »Also gut. Ich erzähle nichts mehr von der
Amerikanerin und ihrem Buch«, sagt sie – und umarmt mich
erneut.

Vernünftigerweise nur wenige Sekunden. »Gut so«, sage ich.
Doch sie erwidert: »Nun sind wir aber erst bei zwei.«

Sanftmütig

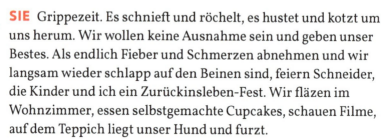

SIE Grippezeit. Es schnieft und röchelt, es hustet und kotzt um uns herum. Wir wollen keine Ausnahme sein und geben unser Bestes. Als endlich Fieber und Schmerzen abnehmen und wir langsam wieder schlapp auf den Beinen sind, feiern Schneider, die Kinder und ich ein Zurückinsleben-Fest. Wir fläzen im Wohnzimmer, essen selbstgemachte Cupcakes, schauen Filme, auf dem Teppich liegt unser Hund und furzt.

Herrlich.

Meine herzklopfende Schatzkammer! Wir sind uns nah wie Lemuren, lümmeln auf einem Haufen, so sanft, so freundlich, so locker. Wir erfüllen einander alle Wünsche. Die Grippe hat mich weicher gemacht. Streng bin ich einzig beim Verteilen von Tabletten und Tröpfchen.

Wenn ich mir das so ansehe, sollte ich vielleicht öfter in den Pflegemodus wechseln und mit meinen vieren locker sein. Wenn auch lieber ohne Viren.

Da hustet Schneider, er klingt wie ein Oldtimer, dem grad das Benzin ausgeht. Dann schneuzt er sich, trötet ohne Rücksicht auf Verluste, pfeffert das zerknüllte Taschentuch durch die Stube in den Papierkorb, trifft, ballt die Faust und johlt: »Volltreffer!« Mann, ist der laut! »Könntest du auch leise gesund werden?«, frage ich.

Er röchelt: »Laut geht es eben schneller.«

ER Um mich herum liegt alles, was ich liebe: Schreiber, unsere Töchter, unser Hund. Was für ein Gelage!

Schreiber war superentspannt in den letzten Tagen, erlaubte sich und uns alles. Eine Atmosphäre, in der man schnell gesund werden kann. Sie ist es bereits wieder.

Woran ich das merke?

Sie beklagt sich mit strengem Blick, dass ich zu laut genese. Glaubt man das? Wenn ich schon mal krank bin, was nur selten vorkommt, sollen das ruhig alle hören. Ausserdem unterdrücke ich ganz bestimmt kein Seufzen, kein Stöhnen und keinen Jammerschrei, denn schliesslich unterstützt das die Heilung, da bin ich mir sicher. Sich etwas zu verklemmen, war noch nie gesund, weder eine Blähung noch ein Rülpser. Was mich übrigens daran erinnert, dass aktuell ein Engländer den Weltrekord im Rülpsen mit gemessenen 109,9 Dezibel hält. Das entspricht dem Lärm einer Motorsäge. Oder eines Symphoniekonzertes. Das eine ist Ruhestörung, das andere ein Ohrenschmaus. Und ein Mann auf dem Weg zur Besserung, ganz ehrlich, ist doch reine Freude, ein Hörvergnügen, süsse Musik! Wehleidiges Wimmern ist inhaltslos, nicht aber ein ehrliches Rotzkonzert mit Bass-Solo. Nur schade, dass Schreiber keinen Hardrock mag.

167

DIE WAHRE LEBENSKUNST
BESTEHT DARIN, IM ALLTÄGLICHEN
DAS WUNDERBARE ZU SEHEN.

Pearl S. Buck

Nestwärme

Aus der Reihe tanzen

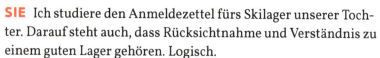

SIE Ich studiere den Anmeldezettel fürs Skilager unserer Tochter. Darauf steht auch, dass Rücksichtnahme und Verständnis zu einem guten Lager gehören. Logisch.

Erinnere ich mich aber an die Skiwochen, die meine Münchner Schule in den Tiroler Alpen durchführte, dann war davon nichts zu spüren. Die Leiter kommandierten uns mit Trillerpfeifen herum, wer abends nach zehn noch einen Mucks machte, musste den Skiraum wischen. Im Pyjama. Barfuss.

Ganz fürchterlich war mein erstes Lager: Ich, knapp zehn Jahre alt und krank vor Heimweh. Im Schlepplift merkte ich, dass ich dringend Pipi müsste. Aber wo? Meine Freundin, eine kleine Italienerin, sagte, sie müsse auch, ebenfalls ganz dringend.

Als wir oben aus dem Lift schlitterten und der Gruppenleiter uns in eine Reihe brüllte, fuhr Graziella einfach auf die Piste, liess die Skihosen runter und pinkelte in den Schnee. Meine Mitschüler lachten, der Leiter brüllte, und ich machte – was mit neun Jahren eher selten geschieht – in die Hosen.

Was ich damals gelernt habe? Dass man lieber mal aus der Reihe tanzen und für sich selbst kämpfen sollte, auch wenn man dann ausgelacht wird. Diesen Gedanken muss ich meiner Tochter unbedingt noch mitgeben.

ER Ich kriege mit, wie Schreiber unserer jüngeren Tochter erklärt, sie solle auch mal keine Rücksicht nehmen, sondern vor allem auf sich selbst hören.

Das geht ja wohl gar nicht!

»He, was erzählst du da?«, interveniere ich, »im Skilager …«

»… Papa, es heisst Schneesportlager, da fahren doch nicht alle Ski!«

»… von mir aus, im Lager halt, da macht man doch nicht sein Ding, da ist man eine Gruppe, da nimmt man Rücksicht aufeinander.«

»Genau«, sagt nun Schreiber, »und dazu gehört, auch Rücksicht auf sich selbst zu nehmen. Ich habe ihr nur gesagt, dass sie sich beim Lehrer melden soll, wenn was ist.«

»Wenn was ist?«

»Na, wenn sie auf der Piste plötzlich aufs Klo muss, zum Beispiel. Ich traute mich das nämlich nicht.«

»Aber du bist nicht sie. Sie macht das schon.«

Schreiber wird lauter: »Ich will ihr ja nur sagen, dass sie für sich selbst gucken soll.«

Laut kann ich auch: »Aber deswegen muss sie sich doch nicht gegen die Gruppe stellen.«

»Das habe ich auch nie behauptet, du verdrehst alles«, schimpft Schreiber. Ihre Stimme dröhnt wie ein Helikopter, der abhebt.

Nur eine bleibt leise, unsere Tochter: »Könntet ihr euch vielleicht auch einfach freuen, dass ich in die Skiferien fahre?«

171

Nicht für die Katz

SIE Hatte grad wieder mal eine Vorsorge-Untersuchung. Will wissen, ob mein Körper mehr oder weniger in Ordnung ist. Daheim erzähle ich Schneider davon: »Krebskontrolle und der Kram. Ich finde es einfach vernünftig, gewisse Krisengebiete zu beobachten.« Er schaut mich kritisch an. Ich sage: »Du solltest auch mal gehen! Das würde mich echt beruhigen.« Denn das mit der Vorsorge macht mir bei Schneider schon länger Sorgen. Er war seit Jahren nicht mehr. Natürlich schüttelt er auch jetzt wieder den Kopf: »Ich muss nicht beruhigt werden. Ich fühle mich total gut. Ausserdem, wenn die was suchen, finden die auch immer etwas. Das ist bewiesen.«

»Blödsinn!«, sage ich. Schneider blendet aus, dass Früherkennung ein Leben verlängern kann. Auch das ist bewiesen. Was er noch nicht weiss: Ich habe meine Hausärztin bereits gefragt, ob sie auch mal Schneider durchchecken könne.

»Weisst du was?«, frage ich, »es ist mir egal, wie du dich fühlst. Es ist egoistisch, wenn du dich nicht untersuchen lässt!« Dann greife ich zum Telefon, wähle die Nummer meiner Hausärztin und sage zu Schneider: »Du kannst dich selber anmelden oder die Schmach ertragen, dass ich das für dich mache.«

ER Schreiber hält mir noch immer das Telefon entgegen: »Wenn es um deinen Fussball geht, rennst du durch die halbe Schweiz zu Sportärzten, die deine Achillessehne betasten. Jetzt machst du auch mal was für uns!«

Sie ist gerissen, würde ich sagen, ich strecke meinen Arm aus und schnappe mir den Hörer, gerade noch rechtzeitig: »Ja, hallo. Hier Schneider. Haben Sie Termine frei?«, frage ich die Dame am anderen Ende der Leitung.

»Ist es dringend?«

»Nein.«

»Was haben Sie dann?«

»Nichts.«

»Aha.«

»Meine Frau will, dass ich mich durchchecken lasse. Vorsorglich.«

»Aha.« Die weibliche Stimme lacht. »Und? Wollen Sie das auch?« Ich blicke zu Schreiber, die mich fixiert. Sie findet das nicht lustig.

Noch bevor ich eine Antwort gebe, greift sich Schreiber den Hörer und spricht hinein: »Schreiber am Apparat, das ist alles schon abgemacht. Mein Mann macht gern Witze, aber er hat manchmal Mühe, die guten von den schlechten zu unterscheiden. Wie sieht es nächste Woche aus? Ginge das?«

Ha! Schreiber war auch schon lustiger. Aber auch gut. Seit dem letzten Fussballtraining schmerzt mein rechtes Knie ziemlich stark – dann ist die Konsultation wenigstens nicht für die Katz.

Schnupperfamilie

SIE »Sollen wir sie überraschen?«, hatte Schneider am Nachmittag gefragt, und ich war sofort einverstanden. Wir machen uns also am Abend auf den Weg ins Restaurant, in dem unsere Jüngere zwei Tage als Servicefachangestellte schnuppert.

Als wir uns an den elegant gedeckten Tisch setzen, raunt uns der Chef de Service zu, die Stoffservietten habe unsere Tochter gefaltet. Kurz danach sehe ich sie: eine junge Frau im perfekt geschnittenen Hosenanzug mit weissem Hemd. Sie stellt konzentriert einen Teller samt Silber-Closche vor einen Gast auf den Tisch, hebt zeitgleich mit den anderen Kellnerinnen die Cloche und dreht danach den Teller so, dass das Fleisch direkt vor den Gast zu liegen kommt. Sie strahlt, und ich platze vor Stolz. Nun entdeckt uns unsere Tochter, kommt herüber und meint: »Ich hab es doch geahnt!«

»Stört es dich?« Sie schüttelt den Kopf. Als sie uns später Brot und Butter serviert, frage ich höflich: »Könnten Sie uns noch ein bisschen mehr Butter bringen?«

Ida verdreht die Augen: »Mama, seit wann siezt du mich? Echt peinlich!«

»Peinlich? Ich wollte doch nur professionell Gast spielen«, sage ich, aber unsere Kellnerin ist schon wieder weg.

ER War mein Einfall, Ida beim Schnuppern zu überraschen. Schreiber war einverstanden, meinte aber, dass das unserer Tochter womöglich unangenehm sein könnte.

Unangenehm? Wenn, dann wäre es eher Schreiber, die unangenehm auffallen könnte. Denn wenn sie von etwas begeistert ist, geht es mir ihr zuweilen regelrecht durch. Im Restaurant halte ich den Ball darum so flach wie möglich. Als ich aber unsere Tochter im Einsatz sehe und unsere Ältere sagt: »Sie macht es sooo gut!«, da spüre auch ich ein leichtes Kribbeln und bin ganz stolz auf meine wunderbaren Töchter, die sich so füreinander freuen. Unsere Jüngere schwebt durch den Saal – und Schreiber hebt ab: »Gib mir dein Handy.«

»Wofür?«

»Um sie zu filmen! Heimlich!«

Ich zische: »Das macht man nicht! Und es müssen nicht alle hier im Restaurant gleich merken, dass wir komplett ausflippen, bloss weil unsere Tochter mal hier arbeitet!«

Schreiber blickt konsterniert, ist einige Augenblicke beleidigt, aber ganz schnell wieder Feuer und Flamme für unsere Tochter, und auch ich sehe hingerissen zu, wie sie eine Dame anlächelt, fragt, ob es geschmeckt habe, Wasser nachschenkt, alles voll liebreizender Anmut. Ich bin komplett vernarrt, kann mich nicht länger zügeln, greife zum Handy und filme. Schreibers stolzes Lächeln ist mit im Bild.

Atemlos durch die Nacht

SIE Ich wusste ja, dass Schneider nicht gern zum Arzt geht, aber dass er sich vor einer Vorsorgeuntersuchung derart fürchtet, das hätte ich wirklich nicht gedacht. »Jetzt wälz' dich nicht die ganze Zeit. Versuch zu schlafen, du musst morgen sehr früh aufstehen!«, sage ich zu ihm.

»Weisst du, wie man die Prostata untersucht?«, brummt er.

»Ich glaube, man tastet sie ab.«

»Genau. Und ich gehe zu einer Ärztin.«

»Na und?«, sage ich. »Sie ist nett und eine erfahrene Fachfrau.«

»Natürlich ist sie das«, grummelt Schneider, dann fragt er: »Weisst du, was Huxley gesagt hat?«

»Ist das ein Arzt?«

»Der Schriftsteller der diesen pessimistischen Roman geschrieben hat: ‹Schöne Neue Welt›, kennst du bestimmt.«

»Habe ich mal gelesen.«

»Er meinte, die moderne Medizin hätte solch' ungeheure Fortschritte gemacht, dass es gar keinen gesunden Menschen mehr gebe.«

»Na, siehst du, umso besser, gehst du in diese Vorsorgeuntersuchung.«

»Die finden immer was, wenn sie nur suchen.«

»Nicht schon wieder die alte Leier! Sei froh, dass man heute so vieles so früh erkennen kann«, antworte ich und bitte ihn: »Jetzt atme ein paarmal tief ein und schlafe! Sonst kriegst du morgen als erste Diagnose, dass du unter Schlaflosigkeit leidest.«

ER »Einfach, damit Sie das wissen: Mein Blutdruck ist immer zu hoch, wenn ein Arzt ihn misst«, sage ich kurzatmig zu der Ärztin, die eigentlich Schreibers Ärztin ist, mich nun aber auch untersucht. Sie lächelt.

Sie redet ganz ruhig, fragt, ob ich Atemprobleme hätte, ich sage Nein, ob ich sonst Schmerzen hätte, ich sage, nur in der Früh, wenn ich aufstehe.

»Na, Sie sind auch nicht mehr der Jüngste.«

Ich sitze in der Unterhose auf dem Behandlungstisch, meine Beine baumeln, und ich denke: Wie nett.

»Wie lange tut es denn morgens weh?«

»Nicht lange«, antworte ich, ich bin nämlich nicht alt, »nur eine halbe Minute oder so.«

»Versuchen Sie es mit Yoga.«

Ich nicke und beobachte, wie sie nun milchigweisse Handschuhe über ihre Finger streift.

Die Stunde der Wahrheit.

»Tasten Sie jetzt die Prostata ab?« Sie nickt. Ich frage mich, wie das für sie ist, einen Mann so tiefgehend zu untersuchen.

Sie hört meine Gedanken: »Ist völlig harmlos. Keine Sorge.«

Voller Sorge drehe ich mich auf der Liege auf die Seite, schliesse die Augen, verkrampfe mich, höre ihre Stimme, »entspannen Sie sich!«, sie tastet, ich sterbe … – nicht.

»Alles bestens«, sagt sie, zieht die Gummihandschuhe aus und sagt lächelnd: »Wir sehen uns in einem Jahr.« Ich atme wieder.

Nur die Harten ...

 ER Eben war es noch gemütlich, doch jetzt wirft sich Schreiber mit Karacho aus dem Stuhl im Schattenplatz, ihr Buch knallt in den Kies, und sie ruft etwas, das ich nicht verstehe. Sie düst um die Hausecke und kehrt nach einer halben Minute zurück, völlig ausser Puste.

»Was war denn das?«, frage ich.

»Ich habe vergessen, das Wasser abzustellen.«

»Was für Wasser?«

»Der Schlauch. Im Biotop. Das mussten wir dringend auffüllen.«

»Und jetzt haben wir einen Sumpf drumherum, nehme ich an.«

»Nur ein wenig«, sagt sie und setzt sich wieder.

Ich lege mein Buch zur Seite und sage: »Du übertreibst.«

Sie blickt konsterniert, hebt ihr Buch auf und tut so, als würde sie lesen.

Ich fahre fort: »Natürlich verdunstet etwas Wasser im Teich, wenn die Sonne scheint. Das ist normal. So ist die Natur. Du musst nicht gleich Wasser nachfüllen.«

Schreiber protestiert: »Doch, der Teich braucht dann Wasser!«

»Nein! Und zudem: Du musst auch nicht alle Pflanzen giessen, wenn es mal zwei Tage nicht geregnet hat.«

»Bei mir vertrocknet niemand! Ich weiss eben, wann sie Durst haben.«

»So, wie du immer genau wusstest, wann unsere Kinder Hunger und Durst hatten?«

»Was haben jetzt unsere Kinder mit dem Garten zu tun?«

»Das kann ich dir sagen: Du verwöhnst einfach zu sehr!«

SIE Unglaublich! Da fülle ich ein bisschen Wasser nach, und Schneider deckt mich mit Vorwürfen ein. Das erinnert mich an früher. Damals hatten wir immer wieder mal gröbere Diskussionen, weil ich seiner Meinung nach unsere Kinder zu sehr verwöhnt hätte.

»Die kennen ja gar keinen Durst und kein Hungergefühl. Du bist immer schneller als ihr Bedürfnis«, spottete er.

Blödsinn! Als Mutter spürt man diese Dinge einfach. Er hingegen sagte immer, die Kinder müssten sich auch mal durchbeissen. Passend dazu brachte er das unsinnige Sprichwort ins Spiel: »Nur die Harten kommen in den Garten.«

Ich verwöhne nicht, ich sorge mich. Das nennt man Empathie. Wenn ich sehe, dass der Wasserpegel im Biotop sinkt, dann handle ich. Wenn unsere Löwenmäulchen in den Töpfen auf der Veranda ihr Köpfe hängen lassen, dann giesse ich – auch wenn Schneider eventuell streng durchs Gebüsch zu mir rüber starrt.

Da mich diese ziemlich unnötige Diskussion durstig gemacht hat, hole ich mir ein Glas kaltes Wasser mit frischen Zitronenmelissenblättern aus unserem Garten.

Allerdings nur für mich. Ich will ja niemanden gegen seinen Willen verwöhnen. Schon gar nicht Schneider, denn stichelnde Kakteen brauchen bekanntlich nur sehr selten Wasser.

179

Liebeslieder

SIE Ich rufe meine Mutter an. Wie jeden Abend, seit sie im Altersheim lebt. Heute sitzt der Rest meiner Familie neben mir. Wir vier wollen mit ihr zusammen singen. Denn bei meinen letzten Anrufen begann sie zu summen, dann ganze Strophen auswendig zu singen: *Guter Mond, du gehst so stille ...*

Mir fielen die Kinderlieder ein, die sie mit uns früher gesungen hat. *Guten Abend, gute Nacht ...* Ich denke an die Kinderlieder, die ich für unsere Töchter angestimmt habe: *Schlaf mein Kind, ich wieg' dich leise, Bajuschki Baju ...*

Diese zarten Melodien aus der Vergangenheit wecken wohlige Gefühle in mir. Schutz. Wärme. Vertrauen.

Ich sage also zu meiner Mutter, dass wir mit ihr singen werden. »Welches Lied wünschst du dir?«

Sie lacht und freut sich sehr, uns alle zu hören, zögert kurz und holt schliesslich tief Luft, dann schmettert sie kräftig durch die Leitung: »*Om Mani Peme Hung ...*«

Kein Schlaflied, sondern ihr Meditationsmantra. Das Mantra des grossen Mitgefühls. Wir singen mit, jedoch leicht abgewandelt: Statt *Om Mani*, singen wir *Omami*, denn so nennen unsere Töchter ihre Grossmutter von klein auf: Omami.

Wir lachen, und meine Mutter ist so beglückt, dass sie gar nicht mehr aufhören möchte.

Lieder schenken Liebe. Kitschig, aber wahr.

180

ER Je älter meine Schwiegermutter wird, umso mehr mag ich sie. Es war weiss Gott nicht immer einfach mit ihr in der Vergangenheit, aber jetzt, mit 85, ist sie sanft und sehr dankbar. Schreiber telefoniert mehrmals am Tag mit ihr und möchte an diesem Abend, dass wir mit ihr singen. »Das würde sie sooo freuen!«, sagt sie.

Ich erinnere mich an unsere oftmals komplizierten Besuche in ihrem romantischen Häuschen in Umbrien. Das grüne Herz Italiens war ihr Lebensort der vergangenen Jahrzehnte. Dass wir dort keine Mücken abklatschen durften, immer bloss Quinoa, Tofu und Avocado essen und buddhistische Bücher anschauen mussten. Schreiber vermied Konflikte, was nicht immer einfach für sie war. Sie wollte einfach eine liebevolle Beziehung zu ihrer Mutter.

Ich erinnere mich aber auch daran, dass ich nirgends schönere Sonnenaufgänge als dort sah und zum ersten Mal die Nachtigall gehört habe, die um ihr Haus inmitten von Olivenbäumen in der Nacht ein Liedchen trällerte.

Nun trällert meine Schwiegermutter.

Ich freue mich, sie bald wieder zu sehen.

Veränderung ist auch noch im hohen Alter möglich.

Omami Peme Hung … 181

Mutterliebe

 ER Wir sitzen fröhlich schwatzend am Küchentisch. Unsere gute Laune lockt auch eine Stechmücke an, die um unsere Köpfe schwirrt.

Schreiber gerät in den Alarm-Modus.

Ich nicht, denn ich bin der, der nie gestochen wird.

Schreiber legt ihre Gabel weg und streckt ihre Hände in die Luft. Allerdings nicht, um Applaus zu spenden.

Ich sage: »Vorsicht: Insektensterben!«

Sie sagt: »Ich will den Moskito nicht erschlagen, sondern fangen.«

Ich sage: »Deine Fangtechnik sieht hundert Prozent tödlich aus.«

Sie: »Ist sie nicht! Ich fange die Mücke und lasse sie im Garten wieder frei.«

Ich: »Du weisst, die können uns gut riechen. Die ist gleich wieder drinnen und wird zustechen.«

»Ja, mich!«, sagen unsere Töchter unisono.

Schreiber ergänzt: »Und mich. Dich nehmen sie ja nie.«

Da geschieht das Wunder: Die Stechmücke landet tatsächlich auf *meiner* Hand. Sie ist ein nadeldünnes Teil und sehr zutraulich.

Schreiber sagt: »Halt still, ich fang sie.«

Ich sage: »Nein. Lass das. Sie braucht mein Blut für ihre Babys. Das solltest du als Mutter doch verstehen.«

SIE Schneider lässt sich seelenruhig stechen. Beeindruckend. Die Mädchen und ich schauen fasziniert zu, wie ihn das Insekt pikst. »Tut das nicht weh?«, fragt die Jüngere. Schneider verzieht das Gesicht, als würde ihm der Finger amputiert. Dann grinst er und sagt Nein.

Wir sehen zu, wie sich der Mückenbauch füllt. Rasch hole ich das Handy, um das Naturschauspiel zu filmen. Es schüttelt mich: Ich würde mich nicht stechen lassen, weltweites Insektensterben hin oder her. Immerhin fange ich Mücken, statt sie abzuklatschen. Schon lange. Ist Erziehungssache. Meine Mutter bläute mir stets ein, es sei schlecht fürs Karma, Tiere zu töten. Nur nachts, wenns um meine Ohren pfeift und niemand zuschaut, pfeife ich auch: aufs Karma.

»Das gibt dann eine Menge Eier, Larven und Mücklein, und davon können sich andere Tiere ernähren. Mein Zeigefingerblut ist sozusagen das unterste Glied der Nahrungskette«, doziert Schneider. Er geniesst es, das sehe ich, denn seine Töchter bewundern ihn für seine Heldentat. Und das mit der Nahrungskette ist okay, denn der Rest, der am Zeigefinger hängt, ist wahrlich wohlgenährt.

183

2038

SIE Ich lege mir einen Ordner in meinem Computer an und beschrifte diesen mit einer Zahl: 2038

Menschenskinder, liegt das weit weg!

Ist die Idee einer Freundin von mir: Heute schon die kniffligen, heiklen Themen ansprechen, die sich uns im Alter stellen könnten.

Zum Beispiel in Sachen Auto. Ich notiere: »Sich rechtzeitig nach einem General-Abo erkundigen. Du fährst längst nicht mehr so gut, wie du glaubst.« Hoffe, dass die SBB das Abo dann noch im Angebot haben.

Weiter gehts: »Verstehe ich meine Kinder nicht mehr so gut, kaufe ich mir ein Hörgerät. Sofort. Und benutze es auch!«

Zudem: »Kapiere ich das Digitalzeugs nicht mehr, besuche ich Kurse. Ich kaufe nur Geräte, die mir meine Kinder empfehlen.«

Wichtiger Punkt: »Ich erkundige mich bei meinen Kindern, wie es ihnen geht, und rede nicht die ganze Zeit von mir selbst. Und kein Gejammer!«

Letzter Eintrag für heute: »Ich will eine lustige und freundliche Alte sein. Und etwas wild!«

Wenn Schneider nach Hause kommt, werde ich ihm meine Notizen zeigen. Er soll nämlich auch einen solchen Ordner anlegen. Eine Art Vorsorge, quasi unsere vierte Säule. Denn lustig, freundlich und wild werden, das will ich ja vor allem mit ihm.

ER Schreiber ruft, ich solle mal zu ihr an den Computer kommen. Sie öffnet ein Dokument auf dem Bildschirm. »Bitte lesen«,
sagt sie freundlich.

Ich lese also: »*Putzen: Wenn die Kinder sagen, der Lappen in der
Küche rieche muffig, dann schmeisse ich ihn weg.*«

»Riechst du nicht mehr gut?«, frage ich.

»Doch«, antwortet sie und erklärt mir, worum es geht: Wir
sollten jetzt schon die Fragen beantworten, die sich uns im
Alter stellen könnten. »Wir schicken eine Rohrpost in unsere
Zukunft«, sagt sie und will wissen: »Was hast du denn für Vor-
schläge an dich fürs Alter?«

Mir fällt ein, gehört zu haben, alte Menschen könnten sich
nicht mehr verändern. Ob das stimmt? Ich denke an ältere
Männer, die mir gefallen. Die sind wach und neugierig, sie sind
Geniesser und haben die Ruhe weg. Waren die schon immer so?
Oder sind sie das im Alter geworden?

Ich denke nach, notiere etwas und lese es Schreiber laut vor:
»Im Alter will ich so sein: Ein Interessierter. Ein Gepflegter. Ein
Offener. Ein Nachsichtiger. Ein Lustiger. Ein Zärtlicher.«

Schreiber lächelt: »Perfekt! Von mir aus kannst du gleich
damit anfangen, alt zu sein.«

185

SYBIL SCHREIBER, die Deutsche, und **STEVEN SCHNEIDER,** der Italoschweizer, schreiben seit 22 Jahren Paarkolumnen in der Coopzeitung . Sie ist grösser, er dafür breiter. Sie leben im Abseits zwischen Basel und Zürich am Rhein, und wann immer es geht, fahren sie durch das Land und plaudern höchst amüsant und live auf der Bühne aus dem Alltag des Zusammenlebens.

Schreiber vs. Schneider
NUN SAG, WIE HAST DU'S MIT DER LIEBE?

Eine leichtfüssige und tiefgehende Reise durch die Welt der Gefühle und Träume, der Geheimnisse und Peinlichkeiten der Liebe. Unterhaltsam und humorvoll, mutig und inspirierend.

»Ich kann nur eine innige Leseempfehlung abgeben. Was für ein Buch! Schreiber und Schneider sind eben ein echt gutes Paar und krass geniale Menschen und Schreiberlinge!«
lesefieber.ch, Manuela Hofstätter

Sybil Schreiber
SOPHIE HAT DIE GRUPPE VERLASSEN

Kurzgeschichten, die sich den Glück- und Erfolglosen widmen, den Randständigen, den Übriggeblieben. Die Storys sind fesselnd, melancholisch und subtil komisch.

188

»Gleich im Prolog mach Sybil Schreiber klar, dass sie sich auf komisch-makabre Pointen versteht. In ihrem Erzähldebüt platziert sie nun präzise, leise sich ankündigende Tiefschläge.«
Luzerner Zeitung, Hansruedi Kugler

Steven Schneider

WIR SUPERHELDEN

Braucht es Männer in Zukunft noch? Steven Schneiders Antwort: Aussterben ist auch keine Lösung. Auf seiner höchst
amüsanten und geistreichen Heldenreise trifft der Autor zwölf
faszinierende Männer und spricht mit ihnen über Mut, Macht,
Sex und vieles mehr.

»Etwas für Gender-Pazifisten : Braucht es Männer noch? Diese
Frage beantwortet der Schweizer Kolumnist Steven Schneider in
seinem neuen Buch mit einem sehr rührenden Ja.«
watson.ch, Anna Rothenfluh